LE

DROIT CIVIL

RÉSUMÉ EN

TABLEAUX SYNOPTIQUES

PAR

A. WILHELM

RÉPÉTITEUR DE DROIT

MATIÈRES DE L'EXAMEN DE TROISIÈME ANNÉE

4e ÉDITION, REVUE ET CORRIGÉE

PARIS

CHALLAMEL AINÉ, LIBRAIRE-ÉDITEUR

5, RUE JACOB, 5

Et chez tous les Libraires de Droit.

1884

LE

DROIT CIVIL

RÉSUMÉ EN

TABLEAUX SYNOPTIQUES

PAR

A. WILHELM

RÉPÉTITEUR DE DROIT

MATIÈRES DE L'EXAMEN DE TROISIÈME ANNÉE

4e ÉDITION, REVUE ET CORRIGÉE

PARIS

CHALLAMEL AINÉ, LIBRAIRE-ÉDITEUR

5, RUE JACOB, 5

Et chez tous les Libraires de Droit.

1884

AVERTISSEMENT

Ce fascicule embrasse les matières difficiles qui sont comprises dans le programme du deuxième examen de licence ; il termine le résumé du Droit civil en tableaux synoptiques, dont deux séries ont déjà été livrées à la publicité.

Les étudiants ne devront pas perdre de vue que les règles tracées par le Code pour chacun des contrats en particulier ne sont que le complément spécial de celles qui sont inscrites au titre des contrats et obligations conventionnelles en général ; ils feront donc bien de se reporter fréquemment, sur ce point, aux textes qu'ils ont étudiés pour le deuxième examen de baccalauréat.

A. WILHELM,

Répétiteur de droit, 121, rue de Rennes.

LIVRE TROISIÈME. — RÈGLES PARTICULIÈRES A CERTAINS CONTRATS.

TABLEAU RÉCAPITULATIF.

- **Le contrat de mariage**
  - peut contenir toute clause qui n'est pas formellement interdite (art. 1387 et suivants).
  - comprend cinq régimes :
    - communauté légale ;
    - communauté conventionnelle
      - réduite aux acquêts,
      - avec clause
        - de stipulation de propres ou réalisation,
        - d'ameublissement,
        - de séparation des dettes,
        - de franc et quitte,
        - de préciput,
      - avec attribution de parts inégales aux époux,
      - stipulée à titre universelle ;
    - clause sans communauté ;
    - séparation de biens ;
    - régime dotal.
- **Divers contrats :**
  - vente ;
  - échange ;
  - louage
    - des choses,
    - d'ouvrage ou d'industrie ;
  - société
    - universelle,
    - particulière,
    - commerciale ;
  - prêt
    - à usage,
    - de consommation,
    - à intérêt ;
  - dépôt
    - proprement dit ou volontaire,
    - nécessaire ou misérable,
    - séquestre
      - volontaire,
      - judiciaire ;
  - contrats aléatoires :
    - jeu et pari,
    - rente viagère ;
  - mandat.
- **Stipulations accessoires ou de sûreté :**
  - cautionnement ;
  - nantissement
    - gage,
    - antichrèse ;
  - priviléges
    - généraux ;
    - spéciaux
      - sur les meubles,
      - sur les immeubles ;
  - hypothèques.

TITRE V. — Du Contrat de Mariage et des Droits respectifs des Epoux.

CHAPITRE I. — *Dispositions générales* (ART. 1387 à 1398).

Le contrat de mariage

- doit être passé
  - sous la forme notariée,
  - avant le mariage,
  - par les mineurs avec l'assistance, non de leur tuteur, mais de ceux qui ont qualité pour consentir au mariage.
- ne produit son effet que si le mariage s'ensuit et à compter de la célébration.
- peut contenir toute clause, sauf
  - celles qui dérogent
    - à la puissance maritale,
    - aux droits du conjoint survivant,
    - à l'ordre légal des successions,
    - aux dispositions prohibitives du Code (articles 1399, 1458, etc.);
  - celles qui sont contraires à l'ordre public et aux bonnes mœurs;
  - l'adoption générale d'un mode régi par une ancienne coutume.
- peut contenir l'adoption générale
  - de la communauté;
  - du régime dotal (1).
- ne peut être modifié avant le mariage que
  - sous la forme notariée;
  - avec l'assentiment de tous ceux qui y ont été parties.
- ne peut être modifié après le mariage que par la séparation de biens résultant d'un jugement.
- doit être relaté dans l'acte de mariage. (Loi du 10 juillet 1850.)
- lorsqu'il n'en est point passé, est suppléé par la communauté légale.

(1) Cette dernière déclaration doit, pour produire son effet, être expresse ou du moins résulter clairement d'expressions équivalentes.

CHAPITRE II. — 1re PARTIE. — *Communauté légale.*

SECTION Ire. — COMPOSITION DE LA COMMUNAUTÉ (ART. 1401 à 1420).

- **Actif de la communauté**
  - mobilier des époux
    - possédé au jour de la célébration du mariage,
    - acquis pendant le mariage,
    - échu pendant le mariage à titre de succession ou autre (1) ;
  - fruits, revenus, arrérages, etc., de tous biens meubles ou immeubles même propres aux époux ;
  - immeubles acquis pendant le mariage, sauf le cas d'échange d'un propre ou de remploi ;
  - immeuble acquis après le contrat, mais avant la célébration du mariage, autrement qu'en exécution d'une des clauses du contrat ;
  - office conféré même gratuitement au mari par le gouvernement.
- **Actif propre des époux**
  - immeubles possédés au jour du contrat ou acquis avant la célébration en vertu d'une clause du contrat ;
  - immeubles échus à titre de succession ou de donation (2);
  - immeubles acquis durant le mariage en échange ou en remploi d'un propre ;
  - immeuble propre dont une partie indivise a été achetée par le mari ou la communauté (sauf récompense de la somme versée) ;
  - rentes viagères incessibles et insaisissables ou constituées à titre d'aliment ;
  - immeuble reçu de père, mère ou ascendant
    - à charge de payer les dettes du donateur,
    - ou à titre de *Datio in solutum*.
- **Passif de la communauté**
  - dettes mobilières des époux antérieures à la célébration du mariage ; — celles de la femme doivent résulter d'un acte ayant date certaine (art. 1328), sauf l'aveu du mari ;
  - dettes provenant de successions mobilières échues durant le mariage ;
  - dettes contractées durant la communauté
    - par le mari,
    - par la femme du consentement de son mari ;
  - arrérages et intérêts personnellement dus par les époux ;
  - réparations usufructuaires des immeubles propres ;
  - charges du mariage
    - aliments et entretien des époux,
    - éducation des enfants, etc.;
- **Passif propre**
  - du mari se confond avec celui de la communauté tant qu'elle dure ;
  - de la femme
    - dettes d'une succession purement immobilière (3);
    - portion immobilière des dettes d'une succession mixte (3);
    - dette antérieure au mariage et n'ayant pas date certaine.
- **Les créanciers peuvent poursuivre le paiement (5)**
  - sur les biens de la communauté
    - de toute dette faisant partie du passif de la communauté,
    - des dettes d'une succession immobilière échue au mari,
    - des dettes d'une succession en partie immobilière acceptée par la femme du consentement du mari ou non suivie d'inventaire.
  - sur les propres de la femme
    - des dettes d'une succession immobilière échue à la femme et acceptée par elle du consentement du mari,
    - des dettes contractées par la femme du consentement de son mari (4).
  - sur la nue propriété des propres de la femme
    - des dettes d'une succession immobilière en tout ou en partie acceptée par la femme avec autorisation de justice (3), pourvu qu'il ait été fait inventaire;
    - des dettes de la femme antérieures au mariage, mais n'ayant pas date certaine.
  - sur les biens personnels du mari
    - des dettes d'une succession immobilière échue au mari,
    - des dettes contractées par la femme du consentement de son mari,
    - des dettes contractées par le mari.

---

(1) Sauf le cas où une donation de meubles aurait été faite avec la clause qu'ils n'entreraient pas en communauté.
(2) Sauf le cas où une donation d'immeuble aurait été faite avec la clause qu'il entrerait en communauté.
(3) Cette règle ne fait jamais obstacle à ce que les créanciers poursuivent le paiement de leurs créances sur les meubles ou immeubles de la succession.
(4) Si ce consentement ne résultait que d'une procuration générale, le paiement ne pourrait être poursuivi ni contre la femme ni sur ses biens personnels.
(5) Toutes les règles relatives aux successions sont applicables aux donations.

Communauté légale (Suite).

SECTION II. — ADMINISTRATION DE LA COMMUNAUTÉ (ART. 1421 à 1440).

- **Pouvoirs du mari**
  - sur les biens de la communauté
    - il peut seul
      - les administrer ;
      - en disposer à titre onéreux ;
      - les hypothéquer ;
      - donner
        - entre vifs
          - à titre particulier, des effets mobiliers au profit de toute personne,
          - des immeubles, l'universalité ou une quotité des meubles, seulement pour l'établissement des enfants communs ;
        - par testament
          - sa part dans la communauté,
          - une chose quelconque de la communauté (1) ;
      - les engager par son crime ou délit, sauf le cas de mort civile (Loi du 31 mai 1854) ;
      - les dissiper, sauf le droit de la femme à demander la séparation de biens.
    - il ne peut (2) donner
      - entre vifs — des immeubles, des meubles à titre universel — à d'autres qu'aux enfants communs ;
      - par testament — au delà de sa part dans la communauté.
  - sur les propres de la femme
    - il les administre seul, sous sa responsabilité ;
    - il exerce les actions mobilières et possessoires (3) ;
    - il passe les baux de neuf années au plus ; en cas d'excès, la durée, lors de la dissolution de la communauté, est réduite à la dernière période de neuf ans ;
    - il peut renouveler les baux
      - de biens ruraux, trois ans } avant leur expiration ;
      - de maisons, deux ans } avant leur expiration ;
    - il ne peut aliéner les propres de la femme (meubles ou immeubles) sans le concours de celle-ci.
- **Il n'est pas dû récompense (4)**
  - pour l'acquittement d'une dette de la femme, antérieure au mariage et sans date certaine ;
  - au mari, pour un immeuble vendu, dès qu'il y a eu déclaration de remploi ;
  - à la femme, dans le même cas, lorsqu'elle a accepté le remploi ;
  - à la femme, pour la moitié de la dot constituée par le mari, en effets de la communauté, au profit d'un enfant commun.
- **Il est dû récompense lorsque la communauté (4)**
  - a manqué un gain — coupes de bois non effectuées en temps normal.
  - a fait un gain
    - produits des carrières et mines ouvertes pendant le mariage ;
    - prix d'un propre dont le remploi n'est pas accepté par la femme ;
    - prix d'un propre aliéné sans remploi ;
    - prix reçu pour rachat d'une servitude.
  - a fait une avance
    - prix d'achat d'une portion d'immeuble dont un des époux était copropriétaire par indivis ;
    - prix payé pour rachat d'une servitude, pour recouvrement, conservation ou amélioration d'un propre ;
  - a payé une dette
    - charges imposées par un ascendant donateur ;
    - dettes relatives à un immeuble propre :
    - dettes d'une succession même immobilière échue au mari et payées sur les biens de la communauté ;
    - dettes d'une succession en partie mobilière acceptée par la femme du consentement de son mari ou non suivie d'inventaire ;
    - amendes encourues par le mari et payées par la communauté ;
    - sommes ou charges personnelles quelconques d'un des époux.
- **Il est dû récompense**
  - à la femme obligée solidairement avec son mari : elle est réputée caution ;
  - au mari qui garantit la vente d'un immeuble propre de sa femme.
- **La récompense**
  - due au mari ne s'exerce que sur la communauté ;
  - due à la femme s'exerce sur la communauté et subsidiairement sur les biens personnels du mari ;
  - n'a lieu que sur le pied de la vente, sans avoir égard à la valeur intrinsèque de l'immeuble aliéné.

---

(1) Ce legs n'est exigible en nature que si l'effet tombe dans le lot des héritiers du mari ; autrement le légataire n'en peut réclamer que le prix.

(2) Cette incapacité cesse par le concours de la femme à la donation.

(3) Il peut intenter les actions immobilières ou pétitoires ; mais la femme peut intervenir ou être mise en cause par le défendeur, afin que le jugement intervenu lui soit opposable.

(4) Cette énumération n'est pas limitative.

Communauté légale (Suite).

SECTION III. — DISSOLUTION DE LA COMMUNAUTÉ (ART. 1441 à 1452).

La communauté

- prend naissance
  - au jour de la célébration du mariage (art. 1399) ;
  - en vertu d'un contrat de mariage ;
  - par le seul fait du mariage, sans qu'il soit fait de contrat (art. 1400).
- se dissout
  - par la mort naturelle
    - qui entraîne dissolution de la communauté même à défaut d'inventaire ;
    - lors de laquelle le défaut d'inventaire
      - donne à tout intéressé le droit de faire preuve de l'actif par tous moyens,
      - fait perdre au survivant l'usufruit légal sur les biens des enfants mineurs,
      - rend le subrogé tuteur solidairement responsable envers les mineurs.
    - — (Voir les suites aux deux tableaux ci-après.)
  - par la mort civile (abrogée (1) — Loi du 31 mai 1854).
  - par le divorce (abrogé — Loi du 8 mai 1816).
  - par la séparation de corps qui emporte toujours séparation de biens (art. 311).
  - par la séparation de biens
    - judiciairement prononcée à la requête de la femme ;
    - motivée sur le désordre des affaires du mari ;
    - nulle
      - si elle est volontaire,
      - si, judiciairement prononcée, elle n'est point suivie d'une exécution réelle dans les quinze jours du jugement ;
    - publiée par affiche
      - au Tribunal de première instance,
      - en la chambre des notaires,
      - au Tribunal de commerce dans tous les cas (art. 872 du Code de procédure civile) ;
    - produisant effet à compter de la demande ;
    - ne pouvant être provoquée par les créanciers de la femme (2) ;
    - pouvant être contredite par les créanciers du mari, si l'instance est poursuivie en fraude de leurs droits ;
    - laissant à la femme
      - l'obligation de subvenir aux charges du mariage proportionnellement à ses revenus et même intégralement à défaut du mari ;
      - le droit
        - d'administrer ses biens personnels,
        - de disposer de son mobilier,
        - d'aliéner ses immeubles avec le consentement de son mari ou de justice ;
    - dans laquelle le mari n'est garant du remploi que s'il a concouru au contrat à un titre quelconque (3).
  - La mort naturelle seule donne ouverture aux droits de survie de la femme.
- peut recommencer
  - lorsqu'elle a été dissoute par séparation de corps ou de biens ;
  - du consentement des parties, constaté par acte notarié et publié conformément à l'art. 1445 du Code civil ;
  - à compter du jour du mariage, comme si la séparation n'avait pas existé ;
  - dans les conditions stipulées par le contrat de mariage des époux et non autrement ;

---

(1) Bien que la mort civile soit abrogée, les faits qui l'entraînaient peuvent toujours donner lieu à la dissolution de la communauté, mais c'est seulement comme conséquence de la séparation de corps (article 232).

(2) Au cas de faillite ou de déconfiture du mari, ils peuvent seulement exercer les droits de leur débitrice jusqu'à concurrence des sommes qui leur sont dues.

(3) Encore cette garantie ne s'étend-elle pas à l'utilité du remploi.

Communauté légale (Suite).

SECTION IV. — ACCEPTATION ET RÉPUDIATION (ART. 1453 à 1466 et 1492 à 1495).

- **La communauté dissoute**
  - peut être acceptée / peut être répudiée — par la femme ou par ses héritiers;
  - ne peut être répudiée par le mari.
- **L'acceptation**
  - est présumée sauf le cas de divorce ou de séparation de corps;
  - peut résulter tacitement
    - d'actes d'immixtion, mais non d'actes d'administration;
    - de la prise de la qualité de commune dans un acte, à moins que la femme ne soit mineure ou qu'il n'y ait dol de la part des héritiers du mari.
- **La renonciation**
  - ne se présume qu'en cas de divorce et de séparation de corps (1).
  - ne peut être faite que si la veuve
    - a fait inventaire dans les trois mois;
    - ne s'est pas immiscée.
  - doit être faite
    - dans les trois mois et quarante jours du décès du mari;
    - dans les quarante jours de la clôture de l'inventaire si elle a eu lieu avant l'expiration des trois mois;
    - dans un délai supplémentaire obtenu du tribunal.
  - peut être faite après ces délais s'il y a eu inventaire et non immixtion, mais laisse la femme responsable des frais faits jusqu'à la renonciation.
  - est refusée ou annulée si la veuve a diverti ou recélé des effets de la communauté.
  - peut être faite par les héritiers de la femme
    - dans le délai de
      - trois mois et quarante jours à dater du décès de la femme si elle était morte dans le délai d'inventaire et sans l'avoir fait.
      - quarante jours, si elle avait terminé l'inventaire (2);
    - dans les formes prescrites pour la femme;
    - à moins qu'ils n'aient
      - omis l'inventaire,
      - diverti ou recélé des effets de la communauté,
      - fait acte d'immixtion.
  - peut être annulée à la requête des créanciers de la femme si elle a agi en fraude de leurs droits.
- **La veuve acceptante ou renonçante a droit**
  - à sa nourriture et à celle de ses domestiques au compte de la communauté pendant trois mois et quarante jours, même si elle a pris parti avant la fin de ce double délai;
  - à son logement aux frais de la communauté pendant le même délai.
- **La femme renonçante**
  - perd son droit sur la communauté;
  - retire les linges et hardes à son usage et a droit aux frais de son deuil;
  - a le droit de reprendre
    - ses immeubles propres existant en nature,
    - les immeubles acquis en remploi de ses propres,
    - le prix non employé de ses propres,
    - toutes récompenses et indemnités dues par la communauté;
  - est déchargée de toute contribution aux dettes de la communauté;
  - reste responsable de toute dette provenant de son chef, même tombée dans la communauté (3);
  - exerce ses reprises sur les biens de la communauté et sur ceux du mari, mais comme créancière seulement sur les premiers (4).
  - peut être suppléée par ses héritiers, sauf pour le prélèvement des linges et hardes et le remboursement du loyer, de la nourriture et du deuil;

---

(1) Pourtant, même dans ces cas, si la femme a demandé au tribunal un délai supplémentaire, l'expiration de ce délai la fait présumer acceptante.

(2) Cette restriction suppose que les héritiers acceptent *de plano* la succession personnelle de la femme; autrement ils auraient trois mois et quarante jours pour faire inventaire et délibérer.

(3) Dans ce dernier cas elle a un recours contre le mari ou ses héritiers.

(4) La femme du grevé ne peut exercer ses reprises sur les biens sujets à restitution que pour le capital des deniers dotaux et à la condition que le testateur l'ait ordonné (article 1054).

Communauté légale (Suite).

SECTION V. — PARTAGE DE LA COMMUNAUTÉ APRÈS ACCEPTATION (ART. 1467 à 1491).

- **Partage de l'actif :**
  - rapport préalable
    - des récompenses ou indemnités dues par chaque époux ;
    - des sommes prises dans la communauté
      - pour doter l'enfant d'un autre lit ;
      - pour doter personnellement un enfant commun.
  - prélèvement
    - des biens propres
      - existant en nature,
      - acquis en remploi ;
    - du prix des immeubles dont il n'a pas été fait remploi ;
    - des indemnités dues par la communauté ;
    - exercé
      - par la femme (1)
        - avant ceux du mari ;
        - sur l'argent comptant, sur le mobilier, sur les immeubles } de la communauté,
        - en cas d'insuffisance, sur les propres du mari ;
      - par le mari (1)
        - après ceux de la femme ;
        - sur les biens de la communauté seulement ;
        - dans le même ordre que la femme.
  - partage du surplus (4)
    - par moitié entre les époux ou leurs représentants (3) ;
    - dans la forme et d'après les règles des partages successoraux ;
    - l'époux qui a diverti ou recélé un effet est privé de sa part dans cet effet.
  - recouvrement des créances personnelles
    - sur la part de l'autre époux dans la communauté ou sur les propres ;
    - sommes employées à payer les dettes de l'autre époux, etc. ;
    - donations faites par l'autre époux ;
    - deuil de la femme même renonçante — il est réglé selon la fortune du mari.
- **Partage du passif :**
  - à l'égard des créanciers,
    - le mari est tenu
      - en totalité
        - de ses dettes personnelles,
        - des dettes de la communauté,
        - des dettes hypothécaires portant sur un immeuble à lui échu par le partage ;
      - pour moitié des dettes personnelles à la femme et tombées en communauté.
    - la femme est tenue
      - en totalité
        - de ses dettes personnelles, même tombées en communauté,
        - des dettes solidairement contractées avec son mari,
        - des dettes hypothécaires portant sur un immeuble compris dans son lot ;
      - pour moitié
        - des dettes de la communauté, même si elle s'y est personnellement mais non solidairement obligée,
        - sans que sa responsabilité puisse excéder son émolument, pourvu qu'elle ait fait inventaire dans les délais légaux.
  - entre époux,
    - le mari est tenu
      - en totalité de ses dettes personnelles non tombées dans la communauté ;
      - pour moitié des dettes de la communauté qu'elles soient venues de son chef ou de celui de la femme.
    - la femme est tenue
      - en totalité de ses dettes personnelles non entrées en communauté ;
      - pour moitié seulement de toute dette de communauté, sans jamais contribuer au delà de son émolument à moins qu'elle ait omis de faire inventaire.
    - tout paiement fait par un époux au delà de ces quotités, soit en vertu d'une clause du partage, soit à tout autre titre, donne lieu à un recours contre l'autre époux.

---

(1) Ces indemnités portent intérêt de plein droit du jour de la dissolution de la communauté.
(2) Les droits du mari et de la femme sont exercés à leur défaut par leurs héritiers.
(3) Si les héritiers de la femme n'ont pas pris le même parti, ceux qui ont accepté la communauté n'ont droit qu'à leur portion héréditaire ; ceux qui renoncent peuvent, dans la même proportion, exercer les droits de la femme renonçante.
(4) S'il existe des enfants d'un autre lit, ils ont l'action en retranchement pour le cas où la confusion des dettes et du mobilier constituerait indirectement pour l'autre époux un avantage supérieur à celui qu'autorise l'article 1098 du Code civil.

IIe PARTIE. — *Communauté conventionnelle ou modifications que les parties peuvent apporter à la communauté légale* (ART. 1497 à 1539).

La communauté légale peut être modifiée au gré des parties ; le Code énonce les clauses les plus usuelles en en indiquant les effets.

Principales modalités
- communauté réduite aux acquêts ;
- exclusion de communauté ou stipulation de propres ;
- clause d'ameublissement ;
- clause de séparation de dettes ;
- clause de franc et quitte ;
- préciput conventionnel ;
- clause de partage inégal ;
- communauté à titre universel.

A défaut de stipulations spéciales, ces clauses diverses ont les effets suivants :

Communauté réduite aux acquêts
- clause restrictive de la communauté légale ;
- exclusion des dettes et du mobilier présent ;
- exclusion des dettes et du mobilier échus durant le mariage ;
- nécessité de constater le mobilier par état ou inventaire ;
- le partage ne porte que sur les acquêts, c'est-à-dire, sur les biens provenant soit de l'industrie des époux, soit d'économies réalisées sur les fruits de leurs propres.

Exclusion de communauté
- soit totale, soit partielle ;
- soit expresse ;
- soit résultant *a contrario* de la mise en commun du mobilier jusqu'à concurrence d'une somme ;
- donnant au mari la reprise
  - de toute portion du mobilier non commune et effectivement apportée,
  - de tout mobilier échu à titre de succession ou donation, pourvu qu'il y ait eu inventaire ;
- donnant à la femme
  - les mêmes droits qu'au mari,
  - le droit de faire preuve par tous moyens, à défaut d'inventaire, de la valeur du mobilier qui lui est échu durant le mariage.

clause d'ameublissement
- mise en communauté d'un ou plusieurs immeubles ;
- assimilation des immeubles ameublis à des conquêts de communauté ;
- peut être
  - déterminé — spécial à un immeuble en tout ou en partie,
  - indéterminé — apport limité seulement quant à la valeur ;
- donne au mari
  - sur les immeubles déterminément ameublis, le droit
    - de les vendre seul, s'ils le sont entièrement,
    - de les vendre avec le consentement de sa femme, s'ils ne sont ameublis que partiellement,
    - de les hypothéquer seul jusqu'à concurrence de l'ameublissement ;
  - sur les immeubles dont l'ameublissement est indéterminé, le droit
    - de les hypothéquer seul, jusqu'à concurrence de la somme fixée,
    - de les aliéner avec le consentement de sa femme et jamais sans ce concours.
- rend la communauté
  - en cas de détermination, propriétaire totale ou partielle de l'immeuble ameubli ;
  - en cas de non-détermination, créancière de l'époux qui doit les comprendre dans la masse lors de la dissolution de la communauté.
- laisse à l'époux qui a ameubli un héritage la faculté de le retenir en déduction de sa part.

Communauté conventionnelle (Suite).

Séparation des dettes
- limite les droits des créanciers de chaque époux aux propres de leur débiteur en ce qui touche les immeubles;
- produit le même résultat quant au mobilier apporté ou échu, pourvu qu'il ait été constaté par inventaire;
- oblige l'époux dont la dette a été acquittée par la communauté à en tenir compte lors de la dissolution;
- laisse à la charge de la communauté les intérêts ou arrérages échus depuis le mariage;
- résulte particulièrement
  - de l'apport franc d'une somme ou d'un corps certains (1),
  - de la déclaration, au contrat de mariage, qu'un époux n'a point de dettes antérieures (2),
  - ce résultat n'a lieu qu'entre les époux et n'est pas acquis contre les créanciers.

Clause de franc et quitte
- stipulation de droit étroit, applicable seulement à la femme renonçante ou à des personnes désignées;
- donne à la femme le droit de reprendre net, malgré sa renonciation, tout ou partie de ce qui est entré de son chef dans la communauté;
- laisse la femme dispensée de contribuer pour ces biens aux dettes de la communauté;
- ne peut être exercée que déduction faite des dettes personnelles de la femme acquittées par la communauté.

Préciput conventionnel
- droit pour le survivant de prélever, avant partage, une somme ou une certaine quantité d'effets mobiliers;
- n'est ouvert à la femme renonçante qu'en cas de clause expresse;
- ne s'exerce que sur l'actif net de la communauté;
- ne s'ouvre que par la mort naturelle de l'un des époux (3);
- n'est jamais opposable aux créanciers de la communauté;
- peut, en vertu d'une stipulation spéciale, être ouvert dès qu'il y a dissolution de la communauté.

Clause de partage inégal
- peut consister
  - dans l'attribution de portions inégales (4);
  - dans le droit à une somme fixe payable à titre de forfait;
  - dans l'attribution de la totalité de la communauté à l'un des époux (5).
- donne
  - au mari l'obligation d'acquitter toutes les dettes s'il retient la totalité de la communauté;
  - à la femme
    - si elle accepte, la même obligation qu'au mari,
    - si elle renonce, le droit de n'être tenu d'aucune charge, mais la prive de toute part.

---

(1) La séparation de dettes n'a lieu dans ce cas que par rapport à la somme ou au corps certains.

(2) Dans ce cas, la séparation de dettes ne s'étend qu'à celles qui sont antérieures au mariage; les père, mère, ascendants ou tuteur qui ont concouru au contrat sont garants du remboursement, vis-à-vis du mari pendant le mariage et vis-à-vis de la femme lors de la dissolution.

(3) En cas de séparation de corps, le droit au préciput reste suspendu jusqu'à la mort naturelle d'un des époux. (La mort civile et le divorce sont abolis.)

(4) Dans ce cas, la part de passif doit être, à peine de nullité, proportionnelle à la part prise dans l'actif.

(5) Il peut être stipulé dans ce cas que l'autre époux ou ses héritiers reprendront tout ce qui est entré dans la communauté du chef de l'époux écarté du partage.

Communauté conventionnelle (Suite).

Communauté universelle
- absorption de tous les biens meubles ou immeubles dans la communauté ;
- applicable
  - soit aux biens présents,
  - soit aux biens à venir,
  - soit aux biens présents et à venir.

Les clauses de la communauté conventionnelle
- peuvent varier au gré des parties ;
- sont réductibles en faveur des enfants d'un premier lit si elles excèdent la quotité fixée par l'article 1098 ;
- sont complétées au besoin par les règles de la communauté légale.

Clause sans communauté
- laisse au mari
  - l'administration des biens ;
  - la perception
    - des revenus,
    - du mobilier
      - apporté en dot par la femme,
      - échu à la femme au cours du mariage ;
- oblige le mari, lors de la dissolution,
  - à rendre en nature les effets mobiliers,
  - à rendre la valeur des choses fongibles d'après l'état ou l'inventaire qui doit être effectué ;
- astreint le mari à toutes les charges de l'usufruitier ;
- donne à la femme
  - s'il y a convention spéciale en ce sens, le droit de percevoir certaines portions de ses revenus,
  - le droit de vendre ses immeubles avec le consentement de son mari ou de justice.

Clause de séparation de biens
- donne à la femme
  - l'administration de ses biens meubles et immeubles,
  - la jouissance libre de ses revenus ;
- impose à la femme
  - l'obligation de contribuer aux charges du mariage (1),
  - l'obligation d'obtenir le consentement de son mari ou de justice pour aliéner ses immeubles ;
- donne au mari le droit de ne point rendre compte des revenus laissés à sa disposition par la femme et consommés par tout moyen ;
- dégage le mari de l'obligation de payer les dettes valablement contractées par sa femme, à moins qu'en fait le fournisseur n'ait compté sur la garantie du mari ;
- laisse aux créanciers du mari le droit de prouver que les acquisitions faites sous le nom de la femme ont eu pour but de frauder leurs droits.

---

(1) A défaut de convention dans le contrat de mariage, cette contribution est du tiers.

CHAPITRE III. — *Régime dotal* (ART. 1540 à 1581).

Le régime dotal
- résulte de l'adoption qui en est faite dans le contrat ;
- est un régime d'exception qui n'est applicable que dans le sens restrictif ;
- s'applique à tous les biens constitués en dot, sauf clause contraire ;
- peut coexister avec une société d'acquêts régie par les articles 1498 et 1499.

La constitution de dot
- n'embrasse que les biens textuellement prévus au contrat ;
- ne peut être faite ni augmentée durant le mariage ;
- engage en principe le père et la mère constituants, à moins de convention contraire ;
- donne lieu à garantie des objets constitués ;
- fait courir de plein droit les intérêts moratoires à dater du mariage.

Le mari
- a seul l'administration des biens dotaux (1) ;
- est maître de la dot mobilière estimée au contrat et peut l'aliéner ;
- ne devient pas propriétaire de l'immeuble dotal, même estimé ;
- ne peut ni aliéner ni hypothéquer les immeubles dotaux, même avec le consentement de sa femme (1) ;
- peut échanger l'immeuble dotal avec le consentement de sa femme, l'avis d'experts et l'autorisation de justice ;
- est tenu de toutes les obligations de l'usufruitier ;
- peut faire révoquer l'aliénation faite par lui d'un immeuble dotal, sous réserve des dommages-intérêts que les tiers lésés peuvent exiger de lui dans ce cas.

La femme
- peut, en vertu d'une clause spéciale, percevoir ses revenus ;
- peut donner ses biens dotaux
  - avec le consentement de son mari ou de justice (2) pour établir ses enfants d'un autre lit,
  - avec l'autorisation de son mari seul, pour l'établissement des enfants communs ;
- peut, ainsi que ses héritiers, faire révoquer l'aliénation d'un immeuble dotal, lors de la dissolution du mariage ;
- peut, si la dot est mise en péril, poursuivre la séparation de biens judiciaire.

L'immeuble dotal
- peut être aliéné
  - avec autorisation de justice et aux enchères ;
  - pour tirer de prison le mari ou la femme ;
  - pour fournir des aliments à la famille ;
  - pour payer les dettes de la femme ou des constituants, si elles ont date certaine antérieure au mariage ;
  - lorsqu'il est indivis et impartageable.
- s'il est aliéné, donne lieu à un remploi
  - soit en immeubles ;
  - soit en rentes sur l'Etat. (Loi du 2 juillet 1862.)
- est imprescriptible durant le mariage, pourvu que
  - il n'ait pas été déclaré aliénable ;
  - le point de départ de la prescription ne soit pas antérieur au mariage.
- redevient prescriptible dès qu'il y a séparation de biens ou dissolution du mariage.

La dot doit être restituée
- immédiatement, qu'il s'agisse d'immeubles ou de meubles corps certains, à moins que le mari ne soit devenu propriétaire de ces derniers ;
- dans le délai d'un an pour tous autres biens ;
- en l'état où les biens se trouvent sans la faute du mari ;
- en cas de mort de la femme, avec les intérêts du jour de son décès ;
- en cas de mort du mari
  - soit dans les conditions ci-dessus,
  - soit avec l'entretien annal de la veuve aux frais de la succession du mari.

La femme
- n'a pas à prouver le paiement de la dot après dix ans de mariage ;
- n'est pas tenue de rapporter la dot à la succession de son père constituant, si le mari était insolvable ou sans profession avant le mariage.

Sont paraphernaux tous biens qui ne sont pas dotaux.

La femme a l'administration des biens paraphernaux.

Le mari qui perçoit les revenus
- du consentement de sa femme, n'en est pas comptable ;
- malgré sa femme, doit les lui restituer intégralement.

---

(1) Les parties peuvent, par une clause expresse du contrat, déroger à ces règles.
(2) Si elle n'a que l'autorisation judiciaire, elle doit réserver à son mari la jouissance des biens donnés.

TITRE VI. — De la Vente.

CHAPITRE I à III (Art. 1582 à 1601).

La vente
- est une convention par laquelle l'un s'oblige à livrer une chose, et l'autre à la payer ;
- peut être faite par acte authentique, sous seing-privé ou verbalement ;
- est parfaite entre les parties, et vis-à-vis des tiers en général, dès qu'il y a accord sur la chose et le prix ;
- n'est opposable aux tiers qui ont des droits réels (1) que moyennant la transcription (Loi du 23 mars 1855, voir page 37);
- peut être pure et simple ou conditionnelle (2);
- de choses au compte, au poids ou à la mesure ne transfère les risques et la propriété qu'après le mesurage; mais l'obligation est néanmoins parfaite par le consentement ;
- de choses en bloc est parfaite par le consentement ;
- à l'essai ou de choses qui se goûtent (vin, huiles, etc.) n'est parfaite que lorsque l'acheteur les a agréées.

La promesse de vente (ou pollicitation)
- vaut vente dès qu'il y a consentement réciproque sur la chose et le prix ;
- faite avec arrhes, peut être résolue
  - par celui qui les a données, en les perdant,
  - par celui qui les a reçues, en restituant le double.

Le prix
- doit être déterminé par les parties ;
- peut être laissé à l'arbitrage d'un tiers, dont le refus d'estimation entraîne nullité de la vente.

Les frais de la vente sont à la charge de l'acheteur, notamment la transcription, sauf la clause contraire.

Ne peuvent
- acheter ou vendre
  - ceux auxquels la loi l'interdit (mineurs, interdits, femmes mariées, etc.) ;
  - les époux sauf les cas de
    - règlement de droits à la suite d'une séparation judiciaire,
    - remploi d'immeubles propres à la femme,
    - paiement de dot par la femme, s'il y a exclusion de communauté.
- être adjudicataires
  - les tuteurs, des biens de leur pupille,
  - les mandataires, des biens qu'ils doivent vendre (3),
  - les administrateurs, des biens confiés à leurs soins,
  - les officiers publics, des biens qu'ils ont à vendre.
- être cessionnaires de droits litigieux de la compétence de leur tribunal
  - les juges de tous ordres,
  - les organes du ministère public,
  - les greffiers,
  - les officiers ministériels.

Ne peuvent être vendues
- les choses placées hors du commerce (routes, fleuves, etc.) ;
- les choses dont les lois particulières prohibent la vente (armes de guerre, grains en vert, etc.) ;
- la chose d'autrui (4);
- la succession d'une personne vivante ;
- les choses déjà péries lors de la convention (la vente est nulle faute d'objet).

Si une partie de la chose est déjà périe lors de la convention, l'acquéreur a le choix d'abandonner la vente ou d'exiger la chose avec diminution du prix (5).

---

(1) En cas de vente de meubles, la règle : « En fait de meubles la possession vaut titre » donne un droit de préférence, s'il y a plusieurs acheteurs, à celui qui est mis en possession le premier.
(2) Pour tout ce titre, voir aux matières de l'examen de deuxième année (pages 20 et s.).
(3) Mais non de ceux qu'ils gèrent ou administrent.
(4) Bien que nulle comme vente, la convention n'en subsiste pas moins, en ce sens que l'obligation de livrer peut se résoudre en dommages-intérêts ; en tout cas la nullité n'existe qu'au regard de l'acheteur.
(5) Il en serait différemment si la chose n'était périe qu'après l'échange des consentements. (Article 1138.)

Le vendeur doit

- expliquer clairement dans le contrat ce à quoi il s'oblige ; toute clause douteuse s'interprète contre lui.
- **délivrer la chose**
  - la mettre à la disposition de l'acheteur
    - pour les immeubles, par la remise des clefs ou des titres de propriété,
    - pour les meubles, par la tradition ou par le consentement des parties,
    - pour les droits incorporels, par la remise des titres ou par l'usage de fait ;
  - aux frais du vendeur, sauf clause contraire (1) ;
  - au lieu où elle se trouvait lors de la vente (art. 1237) ;
  - au temps fixé, sous peine de dommages-intérêts et de résolution de la vente, si l'acheteur l'exige ;
  - à moins que l'acheteur
    - ne manque à payer le prix (2) ;
    - ne soit tombé depuis la vente en faillite ou en déconfiture et ne puisse donner caution ;
  - en l'état où elle se trouve lors de la vente, les risques postérieurs étant pour l'acheteur (art. 1138 et 1182);
  - avec les accessoires et les fruits à compter de la vente ;
  - avec la contenance exacte, ou une diminution du prix, si la vente a eu lieu à tant la mesure ;
  - sans modification du prix pour toute différence n'excédant pas un vingtième dans les autres cas (3).
- **garantir**
  - de toute éviction
    - totale ou partielle due à une cause inconnue de l'acheteur ;
    - sauf clause contraire, qui ne peut cependant s'appliquer au fait personnel du vendeur ;
    - qui oblige le vendeur
      - à restituer le prix intégral, même si la chose a diminué de valeur par le fait de l'acheteur,
      - à rembourser les frais du procès,
      - à indemniser des frais du contrat et du préjudice causé,
      - à payer les dépenses utiles, et s'il était de mauvaise foi, même les dépenses somptuaires.
    - qui, si elle est partielle, mais importante, peut entraîner la résiliation ;
    - qui, partielle mais non suivie de résiliation, donne lieu au remboursement de la valeur partielle calculée au moment de l'éviction ;
    - à moins que l'acheteur ne soit condamné en dernier ressort, et par sa faute.
  - des vices cachés
    - qui annihilent ou amoindrissent l'usage de la chose ;
    - même inconnus du vendeur, à moins qu'il n'ait stipulé la non-garantie ;
    - avec dommages-intérêts, s'ils étaient connus du vendeur ;
    - avec faculté pour l'acheteur de résilier ou de garder la chose avec diminution du prix ;
    - ayant entraîné la perte de la chose ;
    - pourvu que l'action soit intentée
      - dans un délai arbitré par les juges pour les immeubles ;
      - dans le délai de trente ou de neuf jours, pour les animaux domestiques (Loi du 20 mai 1838) ;
    - sauf le cas de vente par autorité de justice.

(1) L'enlèvement a lieu aux frais de l'acheteur.

(2) Voir ci-dessous (page 31) le droit de rétention et le privilège du vendeur non payé.

(3) L'acheteur ainsi tenu d'un supplément de prix a droit de renoncer au contrat et de recouvrer les frais, à charge de restituer les fruits, s'il y a lieu. L'action de l'acheteur comme du vendeur est prescrite par une année.

CHAPITRE V. — *Obligations de l'Acheteur* (ART. 1650 à 1657).

L'acheteur
- est tenu
  - de payer le prix
    - aux jour et lieu convenus ;
    - à défaut de convention, au lieu et dans le temps de la livraison ;
    - à moins qu'il n'y ait trouble ou crainte d'éviction non prévue.
  - de payer les intérêts
    - s'il y a stipulation en ce sens ;
    - si la chose vendue et livrée produit des fruits ;
    - si l'acheteur a été sommé de payer.
- faute de paiement, est exposé à la résolution de la vente (1).

La résolution
- est prononcée par le juge
  - sans délai, s'il y a danger pour le vendeur de perdre la chose et le prix ;
  - après délai dans le cas contraire (art. 1244) ;
- a lieu de plein droit (2)
  - si cette clause a été expressément stipulée ;
  - moyennant une sommation ;
  - sans sommation, en matière de vente de denrées et d'effets mobiliers, dès le délai convenu.

CHAPITRE VI. — *Nullité et résolution de la Vente* (ART. 1658 à 1685).

La vente peut être rescindée
- par les causes de nullité
  - ci-dessus énumérées ;
  - communes à tous les contrats.
- en vertu de la faculté de rachat
  - stipulation du droit de reprendre la chose, en restituant le prix, les frais, et la plus-value ;
  - qui ne peut être stipulée pour plus de cinq ans ;
  - dans laquelle le délai est de rigueur et court contre les incapables ;
  - qui, faute d'être exercée dans le délai, laisse l'acquéreur propriétaire incommutable ;
  - opposable aux tiers (comp. Loi du 23 mars 1855) ;
  - qui ne peut être exercée par les cohéritiers que chacun pour sa part ;
  - qui doit être exercée d'accord par tous les cohéritiers, si l'acheteur l'exige (3) ;
  - qui fait rentrer les biens francs et quittes, mais laisse le vendeur obligé aux baux réguliers.
- pour cause de lésion
  - de plus des sept douzièmes ;
  - calculée au moment de la vente ;
  - nonobstant toute convention contraire ;
  - pourvu que la demande soit intentée dans les deux ans ;
  - établie par l'avis de trois experts ;
  - laissant à l'acheteur le choix de rendre la chose, ou de la garder en payant le prix réel, déduction faite d'un dixième.
  - inadmissible en faveur de l'acheteur, ni en cas de vente par autorité de justice.

---

(1) Condition résolutoire tacite. (Voir aux matières de l'examen de deuxième année, page 23.)

(2) Condition résolutoire expresse (Voir loc. cit.) ; les parties pourraient même convenir que la résolution aurait lieu sans sommation. (Article 1139.)

(3) Si la vente a été faite séparément par chaque cohéritier, chacun d'eux exerce isolément ses droits.

CHAPITRE VII. — *Licitation* (Art. 1686 à 1688).

La licitation
- est la vente judiciaire d'un bien indivis et non partageable ;
- a lieu
  - entre les co-propriétaires seuls, s'ils le désirent et s'ils sont tous majeurs,
  - avec appel des étrangers, si un seul des co-propriétaires le demande ou est mineur,
  - dans les formes tracées pour les successions.

CHAPITRE VIII. — *Transport de Créance* (Art. 1689 à 1701).

Le transport-cession
- s'applique aux créances, droits incorporels et actions ;
- entraîne transport des sûretés accessoires (gage, hypothèque, etc.) ;
- implique, comme délivrance, la remise du titre ;
- n'est opposable aux tiers que
  - lorsque le débiteur l'a accepté par acte authentique,
  - lorsqu'il a été signifié au débiteur ;
- entraîne garantie
  - de l'existence du droit cédé, lors de la cession,
  - de la solvabilité du débiteur, s'il y a clause spéciale,
  - en cas de vente d'hérédité, de la qualité d'héritier ;
- donne lieu au retrait litigieux, droit qu'a le tiers de mettre hors de cause le cessionnaire en lui remboursant le prix de la cession et les frais (1) ;
- échappe au retrait litigieux s'il est fait au profit
  - du co-propriétaire,
  - d'un créancier ainsi payé,
  - du possesseur de l'héritage litigieux.

TITRE VII. — **Echange** (Art. 1702 à 1707).

L'échange
- est la donation réciproque d'une chose pour une autre ;
- est parfait par le seul consentement ;
- donne au co-permutant un droit de rétention si le contractant n'est point propriétaire de la chose ;
- donne lieu à des dommages-intérêts ou à la répétition de la chose en cas d'éviction ;
- n'est point rescindé pour cause de lésion ;
- n'exclut pas l'idée de soulte ;
- est soumis en général aux autres règles du contrat de vente.

---

(1) Cette faculté est ouverte dès qu'il y a litige sur le fond du droit à l'époque de la cession. (Comp. — retrait successoral ; — matières de l'examen de deuxième année, page 10.)

TITRE VIII. — Contrat de Louage (ART. 1708 à 1831).

Louage des Choses.

RÈGLES GÉNÉRALES.

Le louage
- peut se faire verbalement ou par écrit;
- est réglé, à défaut de convention, par les usages locaux;
- n'autorise la preuve testimoniale, même au-dessous de 150 francs, ni sur l'existence d'un bail verbal, ni sur le congé donné verbalement;
- permet le recours au serment décisoire;
- se prouve
  - par toute preuve littérale, et subsidiairement,
  - quant à son existence, par le seul commencement d'exécution;
  - quant au prix
    - par le serment du bailleur,
    - par expertise, si le locataire le réclame;
- peut être consenti et renouvelé par le mari et le tuteur (1) (art. 1429 et 1430);
- est résilié de plein droit si la chose louée périt par cas fortuit;
- cesse de plein droit au terme fixé s'il est fait par écrit;
- renaît en cas de tacite reconduction (2), mais est considéré comme verbal;
- ne prend pas fin à la mort des contractants.

Le preneur
- a droit
  - à la jouissance paisible de la chose;
  - à sous-louer / à céder son bail — à moins de clause contraire (3);
  - à la résiliation
    - en cas de destruction partielle de la chose (4);
    - en cas de réparation rendant l'immeuble inhabitable;
  - à une diminution du prix
    - en cas de réparation durant plus de 40 jours,
    - en cas de trouble dénoncé au propriétaire et relatif à la propriété de la chose (5);
  - à n'être expulsé, en cas de vente et de bail ayant date certaine, que s'il y a clause spéciale en ce sens;
  - dans ce cas, à une indemnité préalable égale
    - au prix du loyer pendant l'intervalle du congé à la sortie,
    - au tiers du fermage restant à courir.
- est tenu
  - d'user de la chose en bon père de famille et suivant la destination;
  - de payer le prix du bail aux termes convenus;
  - de rendre la chose
    - telle qu'elle est décrite dans l'état des lieux, sauf les cas fortuits,
    - en bon état de réparations locatives, à défaut d'état;
  - des dégradations ou pertes, sauf preuve de force majeure;
  - du dommage causé, proportionnellement à son loyer, à moins de prouver
    - que l'incendie a commencé chez un autre locataire,
    - que l'incendie n'a pu commencer chez lui,
    - (loi du 5 janvier 1883).

Le bailleur
- a droit de demander la résiliation du bail, en cas d'abus de jouissance,
- est tenu
  - de délivrer la chose louée en bon état de toutes réparations;
  - d'entretenir la chose en bon état;
  - de garantir le preneur des vices de la chose et de tout trouble ou éviction;
  - de ne pas changer la forme de la chose.

---

(1) *Vide supra* page 8.
(2) La tacite reconduction n'a pas lieu s'il y a congé régulier.
(3) Voir la Loi du 12 février 1872 pour le cas de la faillite du locataire.
(4) Le preneur peut, dans ce cas, se borner à une demande de diminution du prix.
(5) Le preneur a droit à sa mise hors de cause si, directement actionné, il désigne son bailleur.

Louage des Choses (Suite).

RÈGLES PARTICULIÈRES.

- **Baux à loyer**
  - le locataire est tenu
    - sous peine d'expulsion, de garnir de meubles, ou de donner des sûretés ;
    - d'effectuer les réparations locatives ou de menu entretien ;
    - si la résiliation est prononcée contre lui, de payer le prix, pour le temps de la relocation.
  - le sous-locataire est tenu envers le propriétaire jusqu'à concurrence du prix dû par lui.
  - le bailleur
    - doit effectuer les réparations, même locatives, en cas de force majeure ou de vétusté ;
    - doit faire à ses frais curer le puits et les fosses d'aisance ;
    - ne peut expulser le locataire pour occuper par lui-même ;
    - doit, même s'il s'est réservé le droit d'expulsion, signifier un congé dans les délais d'usage.
  - le bail
    - des meubles meublants est présumé fait pour la durée des baux de maison ;
    - d'un appartement meublé est présumé fait pour la durée dont le prix a été indiqué.
- **Baux à ferme**
  - le preneur
    - est tenu
      - de ne pas sous-louer ni céder, s'il y a partage de fruits, sous peine d'expulsion et de dommages-intérêts,
      - de garnir l'héritage rural d'ustensiles et de bestiaux,
      - d'engranger dans les lieux à ce destinés,
      - d'avertir le propriétaire des usurpations,
      - de laisser au fermier entrant ou sortant les logements et facilités convenables,
      - de laisser les pailles et engrais, s'il les a reçus ou de les vendre au propriétaire s'il le désire ;
    - a droit à une diminution de prix en cas de perte totale ou partielle de la récolte (1) ;
    - peut-être chargé des cas fortuits.
  - le bail
    - en cas d'erreur de contenance, est régi par les règles de la vente (2) ;
    - sans écrit est censé fait
      - pour le temps d'une récolte,
      - pour la période complète, si les terres sont assolées ;
    - se continue verbal par tacite reconduction.

L'emphythéose, ou bail de 99 ans, est régi par la Loi du 29 décembre 1790 non abrogée.

---

(1) Si le bail est de plusieurs années, il est fait une compensation des récoltes.

(2) Voir ci-dessus, page 17.

Louage d'ouvrage ou d'industrie et Cheptel.

Les domestiques et ouvriers ne peuvent engager leurs services qu'à temps.

- **Les voituriers**
  - sont assujettis, comme dépositaires, aux mêmes règles que les aubergistes;
  - sont responsables de la valeur, même non déclarée, des objets qui leur sont remis;
  - doivent tenir registre de ce dont ils se chargent;
  - sont présumés en faute, en cas de perte;
  - sont assujettis à des règlements particuliers.
- **Devis ou marché**
  - engagement de faire un ouvrage en fournissant son travail, ou son industrie, et parfois la matière;
  - les risques, tant que l'ouvrage n'est pas achevé, sont pour le propriétaire de la matière;
  - l'ouvrier perd ses salaires, si la chose a péri sans sa faute, et sans vice de la matière;
  - le forfait
    - empêche l'entrepreneur de réclamer aucun supplément de prix, à moins de convention écrite en ce sens,
    - rend l'entrepreneur responsable de plein droit pendant dix ans, des vice du sol, ou de construction;
  - à défaut de forfait, l'entrepreneur n'est responsable que des gros ouvrages, et n'est pas présumé en faute (art. 2270 et 1382);
  - ce contrat s'éteint par la mort de l'exécutant, sauf paiement à sa succession des ouvrages et matières utiles;
  - l'entrepreneur répond du fait de ceux qu'il emploie (art. 1384);
  - les ouvriers ont action contre le propriétaire jusqu'à concurrence du prix qu'il doit encore (comp. art. 2103) (1).
- **Bail à cheptel**
  - cheptel simple
    - remise de bestiaux à soigner avec partage de la perte et du gain.
    - l'estimation ne transfère pas la propriété au preneur.
    - fait pour trois ans, sauf clause contraire.
    - le preneur
      - ne répond pas des cas fortuits;
      - doit toujours compte des peaux;
      - profite seul du laitage, du fumier et du travail des bêtes;
      - ne peut
        - par convention être privé de son gain,
        - disposer d'aucune bête sans le bailleur (2),
        - tondre sans prévenir le bailleur.
    - le bailleur
      - au cas où le cheptel est donné au fermier d'autrui, doit prévenir le propriétaire pour éviter son privilege;
      - peut demander la résolution en cas d'inexécution des conditions;
      - reprend, à l'expiration du cheptel, les bêtes jusqu'à concurrence de l'estimation première et partage l'excédant.
  - cheptel à moitié
    - mise en commun de bestiaux;
    - partage égal du gain et de la perte;
    - le preneur profite seul du laitage, du fumier, et du travail des bêtes;
    - mêmes règles que pour le cheptel simple;
  - cheptel donné
    - au fermier
      - remise de bestiaux à faire fructifier, à charge d'en rendre en nature, d'une valeur égale;
      - les risques sont à la charge du fermier (cheptel de fer);
      - le fumier doit être employé dans la métairie;
      - tous les profits appartiennent au fermier durant le bail.
    - au colon partiaire
      - la perte totale est à la charge du bailleur;
      - les règles du cheptel simple sont applicables;
      - il finit avec le bail de la métairie;
      - il peut être attribué des parts inégales au preneur et au bailleur;
      - le colon ne peut être tenu de toutes les pertes.
  - cheptel impropre
    - remise de vaches pour les soigner et les nourrir;
    - le bailleur en demeure propriétaire, et n'a que le croît pour profit.

---

(1) Cette action indirecte n'appartient pas au sous-traitant, et est paralysée en cas de cession de la créance à un tiers par l'entrepreneur.

(2) Tout détournement frauduleux constitue le délit d'abus de confiance.

TITRE IX. — Contrat de Société (Art. 1832 à 1873).

La société
- consiste dans la mise d'une chose en commun en vue d'un bénéfice à partager;
- doit avoir un objet licite;
- suppose un apport en nature ou en industrie pour chaque associé;
- doit être constatée par écrit pour tout intérêt supérieur à cent cinquante francs;
- est
  - universelle
    - de tous les biens présents comprenant
      - les meubles et immeubles présents,
      - les gains des associés, s'ils en sont convenus,
      - la jouissance des biens advenus par succession ou donation (1);
    - de gains comprenant
      - le produit de l'industrie des associés,
      - les meubles de chaque associé au moment du contrat.
  - particulière, s'appliquant
    - à certaines choses déterminées;
    - à une entreprise particulière.
- est nulle si une chose mise en commun est périe avant d'être apportée.

Les associés
- entre eux
  - sont en société du jour du contrat, et pour la vie des associés, sauf clause contraire;
  - sont débiteurs de leur apport et garants si cet apport est un corps certain;
  - sont débiteurs des gains faits par leur industrie;
  - sont tenus des dommages causés par leur faute;
  - ont droit au remboursement de leurs avances et des obligations qu'ils ont contractées de bonne foi pour la société;
  - ont droit
    - à une part proportionnelle à la mise de fonds,
    - en cas d'apport d'industrie seulement, à la part la plus petite;
  - ne peuvent convenir
    - que l'un d'eux aura tous les bénéfices;
    - que l'un d'eux sera dispensé de toute perte;
  - remettent leurs pouvoirs (2) à un ou plusieurs administrateurs qui seuls peuvent obliger la société;
  - à défaut de convention
    - sont censés mandataires les uns des autres;
    - peuvent se servir des choses sociales;
    - peuvent s'obliger réciproquement pour la conservation des choses sociales;
    - ne peuvent modifier les immeubles que du consentement de tous;
- vis-à-vis des tiers
  - ne sont pas tenus solidairement des dettes sociales;
  - ne peuvent être obligés par un associé sans pouvoir;
  - sont tenus des dettes pour leur part virile;
  - sont obligés par le fait de tout associé dont l'acte a profité à la société.

La société finit
- par l'expiration du temps fixé, sauf prorogation écrite;
- par la perte de la chose ou la fin de l'entreprise;
- par la mort naturelle d'un associé;
- par la mort civile (abolie), l'interdiction, la faillite ou la déconfiture d'un associé;
- par la volonté d'un associé
  - pour les sociétés illimitées, à la seule condition qu'il n'y ait ni fraude ni contre-temps,
  - pour les sociétés à terme, avec de justes motifs;
- par un partage effectué, comme entre cohéritiers (3).

Les sociétés
- civiles ne constituent pas des personnes juridiques;
- commerciales
  - constituent des personnes juridiques,
  - sont régies par des règles spéciales.

---

(1) Elle ne peut jamais, sinon entre époux, comprendre la propriété des biens pouvant advenir par succession ou donation.

(2) Ce pouvoir, lorsqu'il émane de l'acte de société, ne peut être révoqué sans cause légitime; autrement, c'est un simple mandat.

(3) Malgré cette analogie, on ne peut appliquer à l'associé recéleur de choses sociales la déchéance édictée à l'art. 792 contre le cohéritier.

TITRE X. — **Prêt** (Art. 1874 à 1914).

- **Prêt**
  - **à usage**
    - nature
      - remise d'une chose pour s'en servir, à charge de la rendre ;
      - contrat essentiellement gratuit ;
      - le prêteur demeure propriétaire.
    - engagements
      - de l'emprunteur
        - conserver la chose et s'en servir suivant l'usage ou la convention ;
        - la perte est pour l'emprunteur
          - s'il y a abus de jouissance,
          - s'il a exposé la chose prêtée à périr, au lieu de la sienne,
          - s'il y a eu estimation ;
        - les dépenses faites pour user de la chose ne sont pas répétées ;
        - les coemprunteurs sont solidairement responsables;
        - ne pas retenir la chose prêtée par compensation de ce que lui doit le prêteur.
      - du prêteur
        - laisser la chose à l'emprunteur jusqu'au terme fixé (1) ou jusqu'à ce qu'il en ait fait l'usage convenu ;
        - rembourser les dépenses urgentes et que l'emprunteur a avancées ;
        - garantir les défauts qu'il connaissait à sa chose, et dont il n'a pas averti l'emprunteur.
  - **de consommation**
    - nature
      - livraison de choses fongibles, à charge d'en rendre de pareilles;
      - contrat pouvant comporter une clause d'intérêt ;
      - l'emprunteur devient propriétaire des choses prêtées ;
      - sauf pour les lingots, le prêt d'argent doit être rendu numériquement, suivant le cours des monnaies lors du paiement.
    - engagements
      - du prêteur
        - garantie des défauts comme dans le prêt à usage;
        - ne pas réclamer les choses à l'emprunteur avant le terme ;
        - le terme peut être allongé par le juge (art. 1244);
        - le juge fixe le terme à défaut de convention.
      - de l'emprunteur
        - rendre les choses prêtées
          - au terme convenu,
          - en même quantité et qualité (2);
        - faute de paiement en nature
          - paiement de la valeur, lors du terme fixé,
          - à défaut de terme, paiement de la valeur, lors du prêt ;
        - faute de paiement en valeur ou en nature, payer les intérêts moratoires à compter de la demande en justice.
  - **à intérêt**
    - convention accessoire d'un simple prêt
      - d'argent,
      - de denrées,
      - de choses mobilières ;
    - l'emprunteur qui a payé les intérêts non stipulés ne peut les répéter ;
    - l'intérêt est
      - conventionnel, fixé par écrit, dans les limites de
        - 5 p. °/₀ en matière civile,
        - 6 p. °/₀ en matière commerciale;
      - légal, fixé par la loi au taux maximum ci-dessus (3) ;
    - la quittance du capital fait présumer celle des intérêts ;
    - s'appelle rente constituée, si le prêteur s'est interdit d'exiger le capital ;
    - le rachat de la rente
      - ne peut être interdit absolument ;
      - peut être interdit pendant dix ans au plus ;
      - peut être exigé de l'emprunteur
        - s'il manque deux ans de suite à ses obligations,
        - s'il ne fournit pas les sûretés convenues,
        - s'il tombe en faillite ou en déconfiture.
    - Pour les rentes viagères, voir ci-dessous (p. 26), aux contrats aléatoires.

---

(1) En cas de besoin urgent, le juge peut obliger l'emprunteur à rendre la chose prématurément.

(2) Quelle que soit leur valeur lors du remboursement.

(3) Loi du 3 septembre 1807.

TITRE XI. — **Dépôt et Séquestre** (Art. 1915 à 1963).

- **Dépôt**
  - proprement dit
    - essence
      - remise d'une chose à charge de la garder et de la restituer ;
      - spécial aux choses mobilières ;
      - contrat essentiellement gratuit ;
      - contrat parfait seulement par la tradition ;
    - volontaire
      - formé par le consentement du déposant et du dépositaire ;
      - présupposant chez le déposant le droit de propriété ;
      - excluant la preuve testimoniale au delà de cent cinquante francs ;
      - exigeant la capacité de contracter.
    - nécessaire
      - fait en cas d'accident, d'incendie, de naufrage, etc. ;
      - peut être prouvé par témoins pour toute somme ;
      - les aubergistes
        - sont considérés comme dépositaires nécessaires ;
        - sont responsables des effets des voyageurs qu'ils logent (1) ;
        - ne sont pas responsables des vols à main armée, et du cas de force majeure.
    - obligations du dépositaire
      - prendre soin de la chose déposée comme de la sienne ;
      - apporter un soin plus grand
        - s'il a intérêt au dépôt,
        - s'il s'est offert à l'accepter,
        - s'il y a clause en ce sens ;
      - ne pas se servir sans permission de la chose ;
      - rendre identiquement ce qu'il a reçu (2) sans répondre des détériorations survenues sans sa faute, ni des cas fortuits ;
      - en cas de force majeure, restituer ce qui a été donné à la place (indemnité, etc.) ;
      - restituer les fruits, s'il y en a de produits ;
      - prévenir le propriétaire véritable s'il y a présomption de vol ;
      - rendre aux héritiers du déposant, ou à celui pour qui il agissait ;
      - l'héritier du dépositaire qui a vendu de bonne foi la chose déposée, ne doit compte que du prix ;
      - elles cessent, s'il prouve qu'il est propriétaire de la chose ;
      - privation du bénéfice de cession s'il est infidèle.
    - obligations du déposant
      - rembourser les dépenses faites par le dépositaire pour la conservation de la chose ;
      - l'indemniser des pertes qu'il a subies ;
      - subir jusqu'à paiement de ces sommes le droit de rétention du dépositaire, qui peut au besoin faire vendre l'objet avec privilége.
  - séquestre
    - conventionnel
      - dépôt d'une chose contentieuse entre les mains d'un tiers ;
      - entraînant remise à celui qui a gain de cause ;
      - pouvant entraîner salaire ;
      - applicable aux immeubles, comme aux meubles ;
      - ne prenant fin, avant la contestation, que du consentement de toutes les parties ;
      - soumis, lorsqu'il est gratuit, aux règles du dépôt.
    - dépôt judiciaire
      - ordonné par le juge pour
        - des meubles saisis sur un débiteur,
        - des meubles ou des immeubles litigieux,
        - des choses offertes par un débiteur pour sa libération ;
      - oblige le saisissant à payer au gardien le salaire fixé par la loi ;
      - oblige le gardien
        - à représenter l'objet à qui de droit,
        - à donner à la chose les soins d'un bon père de famille.

---

(1) Quelle que soit la valeur de ces objets, et même si elle leur était inconnue.

(2) Le contrat qui autoriserait le dépositaire d'une somme d'argent à ne pas rendre les écus en nature, constituerait un prêt et non un dépôt.

TITRE XII. — Contrats aléatoires (Art. 1964 à 1983).

Contrats aléatoires

- contrat d'assurance (1), prêt à la grosse aventure — régis par les lois maritimes (C. comm., art. 332).
- jeu et pari
  - dépourvus de toute action ;
  - ne pouvant servir de cause à un billet à ordre (2) ou à une novation quelconque ;
  - exceptés de ces prohibitions, s'ils ont trait aux courses et exercices d'adresse ;
  - peuvent, même dans ce cas, donner lieu à réduction des sommes excessives ;
  - rendent définitif le paiement volontaire, sauf le cas de dol, supercherie ou escroquerie.
- rente viagère
  - constituée
    - à titre onéreux, pour un bien meuble ou immeuble ;
    - à titre gratuit
      - par donation ou testament,
      - dans les formes prescrites aux articles 931 et s.,
      - réductibles en cas d'excès (art. 913 et s.),
      - nulle, si elle est au profit d'une personne incapable de recevoir ;
    - sur la tête de celui qui en fournit le prix ;
    - sur la tête d'un tiers ;
    - sur une ou plusieurs têtes ;
    - au taux que fixent les contractants.
  - nulle, si le titulaire de la rente
    - était mort lors du contrat ;
    - était atteint de maladie, et en est mort dans les vingt jours du contrat.
  - effets :
    - résiliation, si les sûretés stipulées ne sont pas fournies ;
    - faute de paiement des arrérages
      - droit de faire vendre les biens du débiteur avec emploi d'un capital suffisant pour assurer le service de la rente,
      - jamais droit de résiliation (3) ;
    - obligation de servir les arrérages, sans rachat possible, tant que dure la vie du titulaire ;
    - possibilité de la rendre insaisissable, seulement si elle est constituée à titre gratuit ;
    - non suspendus par la mort civile (sans objet — Loi du 31 mai 1854) ;
    - nécessité de prouver à chaque paiement d'arrérages l'existence du titulaire ;
    - acquise jour par jour, sauf le cas où elle est payable d'avance ;
    - dans ce dernier cas elle est acquise du jour de l'échéance.

---

(1) Lors de la promulgation du Code, les compagnies d'assurances maritimes existaient seules en France : la première compagnie d'assurance contre l'incendie a été fondée en 1818 ; le contrat d'assurance non maritime est donc un contrat innomé, régi par les règles générales des obligations et par les stipulations des parties.

(2) La jurisprudence réserve cependant les droits des tiers porteurs de bonne foi.

(3) L'Article 1912 donne une solution contraire pour la rente perpétuelle. (Voir page 24.)

TITRE XIII. — Mandat (Art. 1984 à 2010).

- **Nature**
  - pouvoir de faire quelque chose au nom du mandant.
  - contrat
    - subordonné à l'acceptation expresse ou tacite du mandataire;
    - pouvant être donné
      - par acte authentique,
      - par acte sous seing-privé, ou par lettre,
      - verbalement (1) ;
    - n'impliquant, sauf clause expresse que des pouvoirs d'administration.
  - le mandataire ne peut excéder son mandat.
  - les incapables, choisis pour mandataires, n'ont qu'une responsabilité appropriée à leur situation.
- **Obligations**
  - du mandataire
    - accomplir le mandat tant qu'il en est chargé ;
    - achever la chose commencée, s'il y a urgence, même après la mort du mandant;
    - répondre de son dol, et de ses fautes graves en tous cas (2);
    - répondre en outre des fautes légères, s'il est salarié ;
    - rendre compte de sa gestion, et faire raison de ce qu'il a reçu ;
    - répondre de celui qu'il s'est substitué (3)
      - s'il n'avait pas pouvoir de se substituer quelqu'un,
      - s'il avait le choix de la personne et si son choix a porté sur un incapable ou un insolvable ;
    - solidarité avec les co-mandataires s'il y a clause spéciale;
    - payer l'intérêt des sommes
      - employées à son usage, à dater de l'emploi,
      - dont il est reliquataire, à dater de la mise en demeure;
    - le mandataire qui a fait connaître ses pouvoirs, n'est pas responsable envers le tiers vis-à-vis duquel il les a excédés.
  - du mandant
    - exécuter les engagements souscrits par le mandataire dans les limites de son mandat ;
    - rembourser au mandataire les dépenses qu'il a faites, quelle que soit l'issue de l'affaire, hors le cas de faute ;
    - payer au mandataire le salaire convenu ;
    - indemniser le mandataire des pertes subies sans imprudence;
    - payer au mandataire l'intérêt de ses avances ;
    - il est solidairement tenu avec les co-mandants, vis-à-vis du mandataire.
- **Le mandat**
  - prend fin
    - par la révocation
      - toujours possible,
      - non opposable aux tiers qui l'ignorent,
      - résultant tacitement de la constitution d'un nouveau mandataire ;
    - par la renonciation
      - toujours possible moyennant notification au mandant,
      - donnant lieu à indemnité en cas de préjudice et en l'absence de force majeure ;
    - par la mort, l'interdiction, la faillite ou la déconfiture du mandant ou du mandataire.
  - reste valable, tant que le mandataire ignore la mort du mandant, ou la cause qui met fin au mandat.

---

(1) Dans ce cas, la preuve testimoniale n'en est pas reçue seule au delà de cent cinquante francs.
(2) La responsabilité du mandataire est couverte par une ratification postérieure et sans réserve.
(3) Le mandant a, dans tous les cas, action contre le sous-mandataire.

TITRE XIV. — **Cautionnement** (Art. 2011 à 2043).

- **Nature**
  - contrat accessoire constituant une garantie pour le créancier ;
  - ne pouvant s'adjoindre qu'à une obligation valable (1) (art. 1108) ;
  - ne pouvant excéder l'obligation principale et ses accessoires, sous peine de réduction ;
  - ne pouvant être contracté à l'insu du débiteur principal ;
  - transmissible aux héritiers ;
  - consistant dans la présentation d'une personne solvable et domiciliée, autant que possible, dans le ressort de la Cour d'appel (2).
- **Effets**
  - entre le créancier et la caution
    - obligation de payer la dette subsidiairement au débiteur principal, sauf le cas d'engagement solidaire ;
    - droit à deux bénéfices
      - discussion
        - à requérir sur les premières poursuites, dont les frais doivent être avancés par la caution,
        - qui exige l'indication de biens suffisants du débiteur,
        - déchargeant la caution en cas d'insolvabilité résultant du défaut ou du retard des poursuites ;
      - division
        - opposable par les cautions non solidaires d'un même débiteur,
        - déchargeant la caution de l'insolvabilité d'un cofidéjusseur survenue après la division,
        - acquise à la caution si le créancier l'a accordée de lui-même.
    - droit d'opposer les exceptions inhérentes à la dette, mais non à la personne du débiteur.
  - entre le débiteur et la caution
    - recours après paiement
      - contre le débiteur principal pour la dette et ses accessoires (3) ;
      - avec subrogation aux droits du créancier ;
      - avec action solidaire contre les débiteurs solidaires que cautionnait la caution.
    - recours avant paiement
      - dès que la caution est poursuivie en justice ;
      - dès que le débiteur est en faillite ou en déconfiture ;
      - au terme où la caution devait être déchargée ;
      - lorsque la dette est devenue exigible ;
      - à défaut de terme fixé, après dix ans, sauf le cas où l'obligation principale a un terme fixe, quoique indéterminé (tutelle, etc.).
    - absence de recours et répétition contre le créancier
      - si le débiteur a payé après la caution, faute d'être averti par elle ;
      - si la caution a payé avant poursuites et sans avertir le débiteur principal, qui pouvait faire déclarer la dette éteinte.
  - entre les cautions : recours partiel contre chacun des cofidéjusseurs, pourvu qu'il y ait recours possible contre le débiteur principal.
- **Extinction du cautionnement**
  - par toutes les causes qui éteignent les autres obligations ;
  - lorsque la subrogation n'est plus possible par le fait du créancier ;
  - lorsque le créancier accepte en paiement un meuble ou un immeuble, même s'il en est postérieurement évincé ;
  - non par la prorogation du terme, sauf le droit qu'a la caution de contraindre le débiteur au paiement ;
  - non par la confusion faite dans la personne du débiteur principal et de la première caution, en ce qui touche la sous-caution.
- **Cautions légale et judiciaire**
  - offertes dans les formes des cautions ordinaires ;
  - pouvant consister dans l'engagement de plusieurs personnes ;
  - pouvant être remplacées par un nantissement suffisant ;
  - privées du bénéfice de discussion ;
  - mêmes règles pour la caution de la caution.

---

(1) Il importe peu qu'elle ne soit pas exigible par voie d'action, à raison d'une exception personnelle tirée de la minorité ou de toute autre incapacité.

(2) La solvabilité de la caution est appréciée souverainement par les juges ; devenue insolvable, elle doit être remplacée, sauf le cas où le créancier avait désigné personnellement la caution.

(3) Les frais ne sont à la charge du débiteur principal qu'à partir de l'avis qu'il a reçu des poursuites.

TITRE XV. — **Transactions** (Art. 2044 à 2058).

La transaction

- est un contrat qui met fin à une contestation née, ou prévient une contestation à naître.
- doit être
  - rédigée par écrit — la preuve testimoniale seule n'est pas recevable même au-dessous de cent cinquante francs ;
  - consentie
    - par des parties capables de transiger,
    - par le tuteur dûment autorisé (art. 467),
    - par le pupille avec son tuteur, après le délai de l'art. 472,
    - par les établissements publics, avec autorisation de qui de droit,
    - par certaines administrations (postes, forêts, etc.) (1).
- peut porter sur l'action civile résultant d'un délit, mais sans avoir d'effet sur l'action du ministère public.
- peut être accompagnée d'une peine, pour celui qui la méconnaîtrait.
- s'interprète en vue du différend qui la motive.
- ne peut être opposée aux intéressés qui n'y sont pas parties
- a, entre les contractants, l'autorité de la chose jugée.
- est nulle
  - si elle a été faite sur pièces depuis reconnues fausses ;
  - s'il y a jugement définitif inconnu des parties ;
  - si elle n'avait qu'un objet, et si un titre découvert démontre qu'une des parties n'y avait aucun droit ;
  - si une des parties a retenu des titres.
- peut être rescindée
  - pour erreur de fait sur la personne ou sur l'objet ;
  - pour dol ou violence ;
  - lorsqu'elle a été faite en exécution d'un titre nul, mais supposé valable par une erreur de fait.
- contenant une erreur de calcul, doit être régularisée.

TITRE XVI. — **Contrainte par corps** (Art. 2059 à 2070).

La contrainte par corps

- était un moyen de coercition sur la personne du débiteur ;
- était applicable au débiteur
  - en matière de commerce,
  - stellionataire,
  - de mauvaise foi,
  - récalcitrant après jugement,
  - étranger.
- devait être ordonnée par jugement ;
- ne pouvait être ordonnée
  - pour moins de trois cents francs ;
  - contre les mineurs ;
  - sauf le cas de stellionat, contre les femmes, les filles, et les septuagénaires.
- ne suspendait ni n'empêchait la poursuite sur les biens ;
- a été abolie par la loi du 22 juillet 1867 en matière civile, commerciale, et contre les étrangers.

(1) Ces transactions portent sur les contraventions relevées par des agents assermentés ; le montant en est fixé suivant des tarifs approuvés par décret.

TITRE XVI. — Nantissement (Art. 2071 à 2091).

Le nantissement
- consiste dans la remise d'une chose au créancier pour sûreté de la dette;
- est de deux sortes :
  - gage, applicable aux choses mobilières,
  - antichrèse, applicable aux immeubles.

Le gage
- droit de privilége sur la chose qui en est l'objet,
- constitué par écrit ayant date certaine pour toute valeur supérieure à cent cinquante francs,
- applicable aux créances mobilières moyennant signification au débiteur,
- peu être conféré par un tiers pour le débiteur;
- nécessite la possession de l'objet par le créancier ou un tiers convenu;
- ne donne jamais au créancier le droit de disposer de l'objet;
- donne au créancier le droit
  - d'en requérir la vente aux enchères,
  - de le garder sur estimation avec autorisation du juge;
- produit les responsabilités réciproques pour dépenses ou détériorations;
- est applicable aux intérêts de la dette, s'ils sont dus;
- est indivisible entre les cohéritiers;
- est régi par des règles spéciales
  - en matière commerciale,
  - pour les valeurs négociables par voie d'endossement,
  - pour les maisons de prêt sur gage,
  - pour les récépissés-warants des magasins généraux;
- peut prendre fin par abus de jouissance.

L'antichrèse
- droit de percevoir les fruits de l'immeuble avec imputation sur les intérêts d'abord, et, subsidiairement, sur le capital;
- oblige le créancier à payer les contributions, charges et réparations, sauf à les prélever sur les fruits;
- peut prendre fin par la seule volonté du créancier;
- ne confère jamais au créancier la propriété de l'immeuble faute de paiement;
- ne porte pas atteinte aux droits de privilége ou d'hypothèque que peut avoir d'ailleurs le créancier;
- est indivisible comme le gage;
- donne au créancier, faute de paiement au terme convenu, le droit de poursuivre l'expropriation forcée.

TITRE XVIII. — Priviléges et Hypothèques.

CHAPITRE Ier. — *Dispositions générales* (ART. 2092 à 2094).

Les biens du débiteur
- sont le gage commun de ses créanciers ;
- sont vendus au profit de tous les créanciers qui s'en partagent le prix au marc-le-franc, sauf le cas de priviléges ou d'hypothèques.

CHAPITRE II. — *Des Priviléges* (ART. 2095 à 2113).

Le privilége
- est un droit de préférence inhérent à la qualité de la créance ;
- prime l'hypothèque ;
- du Trésor public
  - est réglé par des lois spéciales,
  - ne s'exerce que sous réserve des droits antérieurement acquis à des tiers ;
- s'exerce
  - sur les meubles,
  - sur les immeubles,
  - sur les meubles et les immeubles concurremment.

Priviléges sur les meubles
- généraux
  - frais de justice faits dans l'intérêt commun des créanciers ;
  - frais funéraires relatifs à l'inhumation du débiteur ;
  - frais de la dernière maladie, celle dont est mort le débiteur (question controversée) ;
  - salaires des gens de service pour un an et l'année courante, sauf le cas de prescription acquise (art. 2271) :
  - fournitures de subsistances
    - remontant à six mois, pour les marchands en détail,
    - remontant à un an, pour les maîtres de pension et marchands en gros.
- spéciaux
  - loyers, fermages, réparations, locatives et exécution du bail
    - pour tout ce qui est échu ou à écheoir s'il y a date certaine ou bail authentique ;
    - pour ce qui est échu, pour une année et l'année courante dans les autres cas ;
    - sur la récolte de l'année sous réserve des droits du vendeur des semences ;
    - sur ce qui sert à l'exploitation de la ferme, sous réserve des droits du vendeur des ustensiles ;
    - sur tout ce qui garnit les lieux loués (1), avec un droit de suite en cas de déménagement furtif (2).
  - créance, sur le gage dont le créancier est nanti ;
  - frais faits pour la conservation de la chose ;
  - prix d'effets mobiliers (3) non payés sur ces effets
    - tant qu'ils sont en la possession du vendeur ;
    - avec faculté d'en revendiquer la possession pendant huit jours à dater de la livraison si la vente a eu lieu sans terme et que les objets soient dans le même état (4) ;
    - cette revendication ne peut s'exercer que sous réserve des droits du bailleur.
  - fournitures d'aubergistes sur les effets apportés par le voyageur ;
  - frais de voiture et dépenses accessoires, sur le prix de la chose transportée, tant qu'elle est en la possession du voiturier ;
  - restitutions, dommages-intérêts et frais dus à l'Etat ou à des tiers, pour faits de charges, par les fonctionnaires publics, sur leur cautionnement et les intérêts échus.

---

(1) Ce privilége ne s'applique aux meubles apportés par le sous-locataire que jusqu'à concurrence du montant de sa sous-location, mais s'applique aux objets appartenant à un tiers, à moins que le propriétaire n'ait connaissance de ce fait ou qu'il ne s'agisse d'une chose volée.

(2) Ce droit de suite dure quarante jours sur le mobilier d'une ferme et quinze jours sur celui d'une maison.

(3) Cette expression s'applique aux meubles incorporels comme aux meubles corporels.

(4) L'Article 576 du Code de commerce édicte d'autres règles en matière commerciale.

Priviléges (Suite).

Priviléges sur les immeubles

- prix non payé d'un immeuble vendu, sur cet immeuble ;
- deniers authentiquement prêtés et employés pour l'acquisition d'un immeuble, sur cet immeuble ;
- garantie des partages et soultes entre co-héritiers, sur les immeubles compris dans le lot du ou des co-héritiers débiteurs ;
- sommes dues aux entrepreneurs et ouvriers, pour travaux à des immeubles dont l'état est dûment constaté, sur les immeubles réparés, dans les limites de la plus-value ;
- sommes authentiquement prêtées et employées pour le paiement des ouvriers et entrepreneurs (1).

Les priviléges généraux sur les meubles s'étendent subsidiairement sur les immeubles.

Rang des priviléges entre eux

- sur les meubles
  - frais de justice faits dans l'intérêt de la masse ;
  - priviléges spéciaux
    - ceux qui résultent d'actes conservatoires de la chose,
    - ceux qui résultent d'un gage, à moins que le gagiste n'ait connaissance du privilége antérieurement acquis,
    - ceux qui appartiennent au vendeur non payé (2) ;
  - priviléges généraux autres que les frais de justice et dans l'ordre de l'article 2101.
- sur les immeubles
  - priviléges généraux dans leur ordre, mais seulement à défaut de mobilier ;
  - priviléges spéciaux immobiliers, avec préférence pour ceux qui ont conservé la chose.

Les priviléges se conservent

- par le seul effet de la loi et sans inscription pour tous les priviléges généraux ;
- par transcription de l'acte (3) dans les 45 jours (Loi du 23 mars 1855 art. 6)
  - pour le vendeur non payé,
  - pour celui qui a prêté les deniers ;
- par inscription
  - dans les 60 jours du partage pour les copartageants, avec effet rétroactif au jour du partage (4) ;
  - dans les 6 mois de l'ouverture de la succession, pour la séparation des patrimoines acquise aux créanciers de la succession et aux légataires, avec effet rétroactif à la mort du *de cujus ;*
  - des deux états des lieux, pour les ouvriers, avec effet rétroactif à la date du premier procès-verbal ;
- avec faculté de prendre inscription tant qu'elle n'est pas inadmissible (art. 2146), lorsque la loi n'a pas fixé de délai ;
- avec perte de l'effet rétroactif lorsque la loi a fixé un délai ; dans ce cas le privilége devient une hypothèque ordinaire ;
- pour les cessionnaires comme pour les privilégiés eux-mêmes.

Les priviléges confèrent, outre le droit de préférence, un droit de suite identique à celui qui résulte des hypothèques (art. 2166).

---

(1) Pourvu que le contrat contienne une clause de subrogation conventionnelle. (Article 1250.)

(2) Le cadre restreint de ce travail ne permet pas l'examen détaillé des divers cas de concours des priviléges ; la loi ne contient aucune règle précise à cet égard, et la jurisprudence est hésitante sur plusieurs points délicats.

(3) Dans ce cas le conservateur des hypothèques doit effectuer d'office l'inscription du privilége que les intéressés peuvent d'ailleurs requérir eux-mêmes.

(4) Délai réduit à 45 jours par l'article 6 de la Loi du 23 mars 1855 en ce qui touche le droit de suite.

CHAPITRE III. — *Des Hypothèques* (ART. 2114 à 2145.)

L'hypothèque
- est un droit réel et indivisible conféré sur un immeuble à titre de garantie d'une créance.
- est
  - légale—résultant de la loi,
  - judiciaire—résultant de jugements et d'actes judiciaires,
  - conventionnelle—résultant des conventions et de la forme extérieure des contrats.
- peut porter
  - sur tous immeubles placés dans le commerce,
  - sur l'usufruit des mêmes immeubles,
  - sur la propriété des mines (Loi du 21 avril 1810),
  - sur les navires (1)
    - en voie de construction,
    - construits et francisés.
- ne peut porter sur les biens meubles.

L'hypothèque légale
- porte sur tous les immeubles présents et à venir;
- est accordée
  - aux femmes mariées, sur les biens de leur mari,
  - aux mineurs et interdits (2), sur ceux de leur tuteur,
  - à l'Etat, aux communes et aux établissements publics, sur les biens des receveurs et administrateurs comptables,
  - à la masse chirographaire (art 490 et 517 du Code de commerce).

L'hypothèque judiciaire
- porte sur les immeubles présents et à venir;
- résulte
  - des jugements
    - contradictoires ou par défaut,
    - définitifs ou provisoires (3) ;
  - des reconnaissances ou vérifications d'écritures (4);
  - des décisions arbitrales homologuées judiciairement;
  - des jugements rendus en pays étrangers et revêtus de l'*exéquatur*.

L'hypothèque conventionnelle
- exige chez celui qui la consent la capacité d'aliéner;
- est entachée des modalités qui pèsent sur le droit du constituant;
- ne peut être constituée que par acte notarié, sauf le cas où elle porte sur un navire (Loi du 10 décembre 1874, article 2);
- ne peut résulter, sauf le cas de conventions diplomatiques contraires, d'un contrat passé en pays étranger;
- n'est valable que si
  - il y a désignation authentique des immeubles grevés,
  - la créance garantie est d'une somme certaine ou du moins évaluée,
  - elle porte sur les biens présents (5);
- si un immeuble hypothéqué périt, donne au créancier la faculté de réclamer un supplément d'hypothèque ou le remboursement immédiat de sa créance;
- s'étend aux améliorations survenues à l'immeuble;

---

(1) Loi du 10 décembre 1874.

(2) Les biens de l'administrateur provisoire donné à l'individu admis dans un hospice d'aliénés échappent à l'hypothèque légale, mais peuvent être grevés d'une hypothèque judiciaire en vertu du jugement qui nomme cet administrateur. (Loi du 30 juin 1838, Article 34.) Il en est de même pour le conseil judiciaire du prodigue.

(3) La décision d'un ministre, statuant sur un marché de fournitures, est considérée par certains auteurs comme un véritable jugement emportant hypothèque judiciaire.

A l'inverse, le procès-verbal de conciliation dressé en justice de paix, bien que signé du juge de paix et de son greffier, n'a que la force d'une obligation privée. (Art. 54 du Code de procédure civile.)

(4) L'hypothèque ne peut être inscrite dans ce cas qu'à défaut de paiement et après l'échéance de la dette. (Loi du 3 septembre 1807, Article 1er.)

(5) En cas d'insuffisance des biens actuels, il peut être convenu que les immeubles à venir seront hypothéqués jusqu'à concurrence d'une somme déterminée : cette hypothèque qui ne prend rang qu'à la date de chaque inscription n'est valable que si le débiteur a affecté dès le début ses biens présents.

Des Hypothèques (Suite).

RANG DES HYPOTHÈQUES.

Les hypothèques

- **conventionnelles et judiciaires** — n'ont rang qu'à dater de leur inscription, avec égalité des créanciers inscrits le même jour (art. 2147).
- **légales**
  - entièrement dispensées d'inscription par le Code,
  - doivent être inscrites dans l'année qui suit la cessation de la tutelle ou du mariage (art. 8 de la loi du 23 mars 1855) (1) ;
  - prennent rang
    - au profit des mineurs et interdits, du jour de l'ouverture de la tutelle ;
    - au profit des femmes
      - pour leur dot et les conventions matrimoniales, du jour du mariage ;
      - pour les successions ou donations, du jour où elles sont acquises ;
      - pour les indemnités et récompenses, du jour où elles prennent naissance.
  - doivent être inscrites
    - par les maris ou tuteurs qui, faute d'inscription ou de déclaration, sont réputés stellionataires (2) ;
    - par les subrogés-tuteurs, à peine de responsabilité civile ;
    - subsidiairement, par le ministère public.
  - peuvent être inscrites à la requête des incapables, de leurs parents et amis.
  - peuvent être restreintes à certains immeubles
    - pour le tuteur
      - dans l'acte de nomination,
      - par jugement, de l'avis du conseil de famille ;
    - pour le mari
      - dans le contrat de mariage,
      - par jugement (3), avec l'avis des quatre plus proches parents de la femme et son consentement.

MODE D'INSCRIPTION.

Les priviléges et hypothèques

- sont inscrits au bureau du conservateur des hypothèques de l'arrondissement où sont situés les immeubles ;
- peuvent toujours être inscrits (4), excepté
  - à partir de la date de la faillite du débiteur,
  - à partir de l'ouverture d'une succession acceptée sous bénéfice d'inventaire.
- sont inscrits
  - (5) sur la production
    - du titre authentique qui confère hypothèque ;
    - de deux bordereaux
      - établis sur papier timbré ;
      - énonçant
        - la désignation du créancier,
        - l'élection de domicile dans la circonscription hypothécaire,
        - la désignation du débiteur, même s'il est défunt,
        - la date et la nature du titre,
        - le montant de la créance,
        - la date de l'exigibilité,
        - la désignation des immeubles grevés, sauf pour les hypothèques judiciaires ou légales.
  - pour l'hypothèque légale, sur la production de deux bordereaux désignant
    - le créancier et le domicile élu,
    - le débiteur,
    - la nature et l'étendue des droits actuellement connus.
  - valablement pour dix ans.
  - aux frais du débiteur qui, au cas d'hypothèque légale, est directement responsable envers le conservateur ;
- donnent droit d'être colloqué, au même rang, pour le capital, deux ans d'intérêt et l'année courante.

---

(1) Passé ce délai, elles rentrent dans le droit commun et n'ont rang qu'à dater de l'inscription.

(2) La question a perdu son intérêt depuis la suppression de la contrainte par corps. (Loi du 22 juillet 1867.)

(3) Cette restriction est définitive.

(4) Toutefois, passé les délais déterminés par les articles 6 et 8 de la Loi du 23 mars 1855, les priviléges et les hypothèques légales ne prennent rang que du jour de leur inscription.

(5) Le conservateur, après avoir transcrit sur son registre le contenu de ces pièces, rend au créancier le titre et l'un des bordereaux revêtu du certificat d'inscription.

Des Hypothèques (Suite).

RADIATION ET RÉDUCTION DES INSCRIPTIONS.

- **Les inscriptions**
  - **sont rayées**
    - du consentement authentique des parties ;
    - en vertu d'un jugement définitif rendu par le tribunal
      - convenu par les parties,
      - déjà saisi de la liquidation de la créance,
      - dans le ressort duquel a eu lieu l'inscription ;
    - lorsque l'inscription est nulle pour une cause quelconque ;
    - lorsque le privilége ou l'hypothèque n'existent plus.
  - **sont réduites**
    - seulement s'il s'agit d'hypothèques légales ou judiciaires ;
    - par le tribunal compétent suivant la règle ci-dessus ;
    - lorsqu'elles excèdent de plus d'un tiers le chiffre de la créance ;
    - lorsque l'évaluation d'une créance non liquide a été excessive (1).

EFFET CONTRE LES TIERS DÉTENTEURS.

- **Les tiers détenteurs sont tenus**
  - soit d'accomplir les formalités de la purge (voir ci-après) ;
  - soit de payer les dettes hypothécaires, capital et intérêts ;
  - soit de délaisser sans réserve l'immeuble grevé ;
  - soit de supporter la vente trente jours après commandement (2) au débiteur originaire et sommation au tiers détenteur ;
  - des détériorations provenant de leur fait (3) ;
  - des fruits à compter de la sommation de payer ou de délaisser.
- **Le délaissement**
  - est fait au greffe du tribunal ;
  - est possible
    - pourvu que le débiteur
      - soit capable d'aliéner,
      - ne soit pas personnellement tenu envers les créanciers ;
    - même si le tiers a été condamné en tant que tel.
  - peut être révoqué jusqu'à l'adjudication, en payant la dette et les frais ;
  - donne lieu à la nomination d'un curateur ;
  - fait revivre les droits réels que le tiers détenteur avait avant sa possession et lui donne un recours contre le débiteur principal, comme aux cas de paiement et d'adjudication subie.

EXTINCTION DES PRIVILÉGES ET HYPOTHÈQUES.

- **Les priviléges et hypothèques s'éteignent**
  - par l'extinction de l'obligation principale,
  - par la renonciation du créancier à l'hypothèque,
  - par les formalités de la purge,
  - par la prescription acquise
    - pour le débiteur, en même temps que celle des actions,
    - pour le tiers détenteur, par prescription immobilière (4),
    - nonobstant les inscriptions prises par le créancier.

---

(1) La valeur des immeubles est arbitrée à dix fois ou quinze fois le revenu taxé à la cote foncière, suivant qu'ils sont ou non sujets à dépérissement.

(2) Le commandement et la sommation sont périmés et doivent être renouvelés s'ils n'ont été suivis, dans les 90 jours, de la saisie immobilière.

(3) Ils n'ont droit à recouvrer leurs impenses que jusqu'à concurrence de la plus-value.

(4) La prescription immobilière par 10 et 20 ans a pour point de départ la transcription du titre.

CHAPITRE VIII. — *Purge des Privilèges et hypothèques inscrits* (ART. 2181 à 2192).

Formalités de la purge
- transcription intégrale du contrat ;
- notification aux créanciers
  - au plus tard dans le mois de la sommation de payer ou de délaisser,
  - de l'extrait de son titre,
  - de l'extrait de la transcription,
  - d'un tableau des hypothèques inscrites,
  - avec offre de payer les dettes jusqu'à concurrence du prix.

Tout créancier inscrit
- peut requérir la mise en adjudication *aux conditions ci-après :*
  - réquisition au tiers détenteur dans les 40 jours, plus un jour par cinq myriamètres (Procédure civile, article 1033),
  - offre de surenchère du dixième,
  - signification de ces pièces au débiteur principal,
  - offre de caution pour le prix et les charges,
  - toutes pièces signées du créancier ou de son fondé de pouvoirs ;
- faute de ces formalités n'a plus droit qu'au prix (1) qui est consigné ou distribué suivant l'ordre.

La revente
- a lieu aux enchères, sur affiches mentionnant le prix et la surenchère ;
- oblige l'adjudicataire à rembourser au propriétaire évincé les frais qu'il a faits ;
- ne peut être arrêtée par le désistement du créancier, si ce n'est du consentement de tous les créanciers hypothécaires ;
- donne au tiers détenteur devenu adjudicataire un recours en indemnité contre son vendeur primitif (2).

CHAPITRE IX. — *Purge des hypothèques légales* (ART. 2193 à 2195).

Les hypothèques légales
- inscrites, sont purgées comme au chapitre précédent.
- non inscrites, sont purgées *suivant les formes ci-après :*
  - dépôt d'une copie du contrat au greffe du tribunal de la situation des biens,
  - signification du dépôt au ministère public, à la femme ou au subrogé-tuteur,
  - affiche d'un extrait au tribunal pendant deux mois ;
  - les inscriptions prises dans ce délai sont rétroactives et sont purgées comme ci-dessus ;
- sont rayées à défaut d'inscription dans les deux mois.

NOTA. — Ces règles ne sont applicables qu'aux aliénations et adjudications volontaires ; toute aliénation forcée, étant faite à la requête des créanciers ou du moins en leur présence, purge les hypothèques par la seule remise ou consignation du prix. Ce dernier effet se produit également en cas d'expropriation (Loi du 3 mai 1841, art. 17), et en cas de concession de mines (Loi du 21 avril 1810, art. 17).

CHAPITRE X. — *Tenue des Registres* (ART. 2196 à 2203).

Les registres des hypothèques sont
- publics,
- doubles (Loi du 5 janvier 1875),
- établis sur papier timbré, cotés et paraphés.

Les conservateurs
- sont responsables
  - de toute erreur ou nullité,
  - de tout défaut d'inscription,
  - de tout certificat incomplet (3) ;
- doivent tenir enregistrement des actes qui leur sont remis pour être transcrits ;
- sont passibles, pour toute omission, d'une amende de 200 à 1,000 fr. pour la première contravention, et de destitution pour la seconde.

---

(1) Le prix s'entend non seulement de la somme déclarée au contrat, mais même de toute portion dissimulée au moyen d'une contre-lettre.

(2) Il en est de même si l'acheteur de plusieurs biens *unico pretio* a été obligé de diviser son prix en vue de la purge des hypothèques et a subi un dommage par la division des objets.

(3) Le tiers possesseur est affranchi de toute charge qui ne figurait pas sur le certificat qui lui a été délivré.

APPENDICE. — LOI DU 23 MARS 1855.

Sont sujets à transcription :
- tous actes ou jugements translatifs ou déclaratifs de propriété ou de droits susceptibles d'hypothèque ;
- tous actes ou jugements constitutifs ou déclaratifs d'antichrèse, de servitude, d'usage et d'habitation ;
- tous actes de renonciation à ces droits ;
- tous baux excédant dix-huit années ;
- tous actes ou jugements donnant décharge de trois années de loyers ou fermages non échues ;
- tous jugements annihilant un acte transcrit.

Avant la transcription, les droits sus énoncés, constants entre les parties contractantes, ne peuvent être opposés aux tiers qui ont des droits réels transcrits.

Après la transcription
- nul ne peut prendre inscription du chef du précédent propriétaire ;
- le vendeur et le co-partageant ont un délai de 45 jours à dater de la vente ou du partage ;
- la femme et le mineur ont un an à compter de la cessation de leur incapacité.

La cession ou la renonciation faite par les femmes, dans les cas où elle est possible, a son effet contre les tiers par l'inscription prise ; la date de cette inscription détermine le rang dans lequel ils exercent les droits de la femme.

TITRE XIX. — De l'Expropriation forcée et des Ordres entre les créanciers (Art. 2204 à 2218).

Les créanciers
- peuvent poursuivre l'expropriation
  - des immeubles,
  - de leurs accessoires,
  - des usufruits d'immeubles.
- doivent mettre en cause
  - le mari seul pour les biens de la communauté,
  - le mari et la femme pour les propres de la femme (1),
  - un tuteur *ad hoc*, en cas de minorité de la femme jointe au refus ou à la minorité du mari.
- ne peuvent mettre en vente
  - la part indivise d'un cohéritier, avant d'avoir provoqué la licitation ;
  - l'immeuble d'un mineur ou d'un interdit avant la discussion du mobilier (2) ;
  - les immeubles non hypothéqués à leur créance ou situés dans différents endroits qu'en cas d'insuffisance (3) ;
  - les biens dont le revenu authentique annuel est suffisant à payer la dette et dont la délégation leur est offerte ;
  - si ce n'est
    - en vertu d'un titre authentique et exécutoire,
    - en vertu d'un jugement exécutoire par provision,
    - pour une dette certaine ;
  - s'ils sont cessionnaires, avant la signification du transport au débiteur ;
  - avant un commandement à la personne et au domicile du débiteur.
- ne peuvent poursuivre l'adjudication
  - si ce n'est pour une dette liquide ;
  - qu'en vertu d'un jugement définitif.

L'ordre et la distribution du prix des immeubles et la manière d'y procéder sont réglés par les Lois sur la procédure (Procédure civile, articles 749 et suivants).

(1) En cas de refus ou de minorité du mari, son consentement peut être suppléé par l'autorisation de justice.

(2) Cette règle n'est pas applicable si les poursuites ont été commencées contre un majeur non interdit, ou que l'immeuble soit indivis avec un majeur non interdit.

(3) Dans le premier cas, l'insuffisance est présumée ; dans le second, elle doit être prouvée par le créancier. (Loi du 14 novembre 1808.)

DISPOSITIONS EXTRAITES DES MATIÈRES DU Ier EXAMEN

TITRE PRÉLIMINAIRE (Art. 2 à 5).

La non-rétroactivité des lois
- est un principe judiciaire, et non constitutionnel ;
- lie le juge et non le législateur ;
- est applicable sans réserve, pour le fond des droits acquis aux tiers ;
- est strictement applicable en matière criminelle, à moins que la loi nouvelle n'adoucisse la pénalité ;
- ne s'applique pas aux lois de procédure civile ni criminelle qui son. présumées favorables à toutes les parties.

La loi française est applicable
- en ce qui touche la police et la sûreté, à tous ceux qui habitent le territoire français ;
- en ce qui touche les immeubles, à tous ceux qui sont situés sur le territoire, quelle que soit la nationalité de leur propriétaire ;
- en ce qui touche le statut personnel, aux français même résidant en pays étranger.

Les étrangers en France conservent leur statut personnel : il doit leur être fait application de la loi de leur pays en ce qui touche leur état et leur capacité (1).

Le juge ne peut refuser de juger, sous prétexte du silence, de l'obscurité ou de l'insuffisance de la loi :

Ce refus constitue le déni de justice (C. pénal, art. 185) (2).

Il est défendu aux juges de prononcer par voie de disposition générale et réglementaire.

L'interprétation des lois
- faite autrefois par les parlements, sous forme d'arrêts, de règlement,
- est de trois sortes :
  - doctrinale — émanée des jurisconsultes et sans effet direct ;
  - judiciaire — émanée d'un tribunal, et obligatoire dans l'espèce, dès que le jugement est passé en force de chose jugée ;
  - officielle
    - renvoi au pouvoir législatif après deux cassations (1790) ;
    - effectuée par le Conseil d'Etat (1807) ;
    - rendue au pouvoir législatif (1828) (3) ;
    - donnée à la Cour de cassation (Loi du 1er avril 1837) dont le deuxième arrêt sur une affaire a force de loi, sur le point de droit, devant la troisième Cour saisie.
- comporte certaines règles (4)
  - étude de la législation antérieure ;
  - recherche des causes qui ont motivé la loi ;
  - étude des travaux préparatoires ;
  - combinaison des dispositions diverses de la loi ;
  - prédominance de la loi spéciale sur la loi générale ;
  - abrogation de la loi antérieure par une loi postérieure et contraire.

---

(1) Il est fait exception à cette règle, dans les matières d'ordre public (polygamie, esclavage, etc.).

(2) Pour qu'il y ait déni de justice, il faut que le juge ait refusé de rendre aucune espèce de sentence ; le juge qui se déclare à tort incompétent n'est pas passible de la peine du déni de justice, car il a statué sur l'affaire.

(3) Toutefois, pour éviter des lenteurs, la cause était tranchée définitivement par une troisième Cour d'appel qui avait le dernier mot sur la Cour de cassation.

(4) Ces règles sont les principales ; les autres sont laissées à la sagesse et à la science de l'interprète.

TITRE IV. — Des Absents (Art. 120 à 138).

(*Voir les art.* 112 *à* 120, *aux matières de l'examen de première année,* page **12.**)

La déclaration d'absence ne peut être poursuivie qu'après dix ans révolus, si l'absent a laissé un procureur fondé, même si la procuration vient à cesser.

L'envoi en possession
- provisoire
  - est accordé sur la demande des héritiers présomptifs ;
  - donne lieu à l'ouverture du testament ;
  - donne ouverture provisoire à tous les droits subordonnés au décès de l'absent ;
  - n'est accordé que moyennant caution ;
  - constitue un dépôt à charge de rendre compte ;
  - donne droit d'administrer les biens de l'absent ;
  - est empêché par l'époux, qui opte pour la continuation de la communauté (1) ;
  - oblige les bénéficiaires et l'époux
    - à faire inventaire,
    - à faire vendre le mobilier,
    - à faire emploi du prix ;
  - ne donne pas le droit d'aliéner ni d'hypothéquer les immeubles ;
  - rend les bénéficiaires sujets aux poursuites des tiers qui ont action contre l'absent ;
  - cesse si l'absent reparaît, ou si son existence est prouvée ;
  - le bénéficiaire
    - doit rendre à l'absent le cinquième des revenus s'il reparaît dans les quinze ans de la disparition ;
    - doit lui rendre le dixième des revenus s'il reparaît après les quinze ans ;
    - garde les revenus en totalité après trente ans d'absence.
- définitif
  - peut être demandé
    - lorsque l'envoi provisoire a duré 30 ans,
    - lorsque l'époux a administré pendant 30 ans,
    - lorsqu'il s'est écoulé 100 ans depuis la naissance de l'absent ;
  - procure la décharge des cautions ;
  - entraîne le partage des biens de l'absent ;
  - n'est définitif que vis-à-vis des tiers ;
  - n'empêche pas la restitution si l'absent reparaît ; mais cette restitution a lieu dans l'état où sont les biens ;
  - cesse si le décès de l'absent est prouvé, et est remplacé par l'ouverture de la succession ;
  - cesse au profit des ascendants et des collatéraux, pourvu qu'ils aient agi dans les 30 ans de l'envoi provisoire.
  - cesse au profit des descendants, pourvu qu'ils aient agi dans les 30 ans de l'envoi définitif.

Toute succession échue à un absent est exclusivement dévolue à ceux qui doivent la recueillir à son défaut.

Cette dévolution est
- définitive quant aux fruits ;
- provisoire quant au capital qui doit être restitué à l'absent, s'il reparaît, ou à ses représentants s'ils établissent son existence lors de l'ouverture de ladite succession.

Le droit de représentation est suspendu, jusqu'à ce qu'on prouve la mort de l'absent.

---

(1) Cette option n'empêche pas l'époux qui l'a faite de renoncer ultérieurement à la communauté.

Bar-le-Duc — Typ. L. Philipona 295

Bar-le-Duc. — Typographie L. PHILIPONA et Ce — 849.

www.ingramcontent.com/pod-product-compliance
Lightning Source LLC
LaVergne TN
LVHW021114300926
849160LV00009B/735
* 9 7 8 2 0 1 1 3 1 2 8 1 5 *